*Wenn Sie sich das Buch nur kauften,
um sich das Rauchen abzugewöhnen,
kaufen Sie sich ein anderes.*

Professor Dr. med. Klaus-Diethart Hüllemann, Jahrgang 1938, Direktor der Med. Klinik St. Irmingard, Prien am Chiemsee, Projektleiter Forschungsprojekt »Modell Bergen« (Deutsche Herz-Kreislauf-Präventionsstudie), Mitglied des Landesgesundheitsrates, Seminarleiter der Bundesärztekammer und der österreichischen Ärztekammer. Autor mehrerer Fachbücher, z. T. mit fremdsprachlichen Übersetzungen, über 200 Publikationen im deutschen und internationalen Schrifttum. Gründer und Betreuer des ersten Sportclubs für Herzinfarktgeschädigte im Deutschen Sportbund, Ludens Club e. V. 1967 Heidelberg. Skilehrer, Übungsleiter für Leichtathletik, aktiver Bergläufer.

Johann Zimmermann, Sportphysiotherapeut, Jahrgang 1940, seit 15 Jahren als Bewegungstherapeut an Rehabilitationskliniken tätig, 1984 bei der Olympiade in Sarajevo dabei als Physiotherapeut der Deutschen Nationalmannschaft im Skilanglauf.

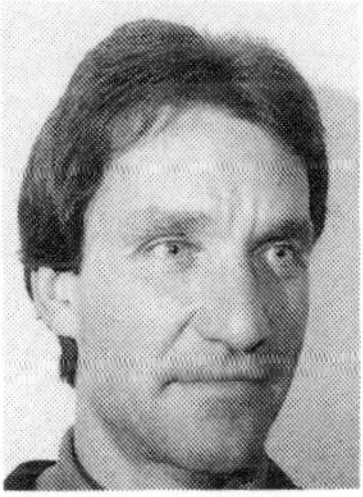

Günter Schneider, Sportphysiotherapeut, Jahrgang 1949, seit 1973 als Bewegungstherapeut, Masseur und med. Bademeister an Rehabilitationskliniken tätig.

Zeichnungen: Erik Liebermann
Idee und Copyright: Prof. Dr. K.-D. Hüllemann, Dipl. Sportlehrer K. Roleff: Sportlehrpfad Modell Bergen (Deutsche Herz-Kreislauf-Präventionsstudie), Bergen 1981.
Zeichnungen des Übungsteils: Heinz Bogner, München
Fotos: Franz Wöllzenmüller Seite 8, 11, 13, 100, 127, 129
Jürgen Colombo Seite 104
XR Trekking Seite 103

Originalausgabe

Printed in Germany 3/1988
Umschlagillustration: Tom Rummonds, Oberhaching
Satz: Filmsatz Schröter GmbH, München
Druck und Bindung: Ebner Ulm

ISBN 3-89284-032-6

1. Auflage

Prof. Dr. K.-D. Hüllemann

Fit für das Leben

Sport für Raucher

Ein Leitfaden für Gesundheit, Fitneß und Lebensfreude

sportinform

Inhalt

1. Schritt
Das SOH-Erlebnis

Jeder Mensch braucht ein SOH-Erlebnis

Was ist ein SOH-Erlebnis? Es ist auf jeden Fall etwas ganz Besonderes, aber eigentlich auch wieder selbstverständlich. Irgendwie braucht das ja jeder. Manche Menschen sind so abgestumpft, daß sie gar kein Gefühl mehr dafür haben, was ihnen fehlt.

● Raucher sind Menschen, die fähig sind für die Grundgenüsse des Lebens.
Für ein SOH-Erlebnis muß man vorbereitet sein, man sollte es zumindest, wenn man häufiger ein solches Erlebnis haben möchte. So hat der große Louis Pasteur gesagt: »Auf dem Gebiet der Beobachtung beglückt der Zufall nur den Geist, der vorbereitet ist.«
Man muß also vorbereitet sein, sich irgendwie einmal darauf eingestellt haben; vielleicht hat man sich anregen lassen, bei einem Fernsehinterview, durch eine Zeitungsüberschrift, eine Melodie, in den Ferien, beim Blättern in einem Prospekt – die Anregungsmöglichkeiten sind vielfältig ... und die Phantasie hat uns dann weitergetragen. Aber mit der Phantasie, mit Träumen und Wünschen allein ist ein SOH-Erlebnis nicht möglich. Das muß man schon wirklich richtig erlebt haben.

● Ein paar Vorbereitungen sind natürlich nötig. Je besser die Vorbereitungen, um so größer das SOH-Erlebnis.

Je besser die Vorbereitung, um so größer das Erlebnis

Prinzipiell sind SOH-Erlebnisse nicht nur im Sport möglich. Aber in diesem Buch wollen wir nur vom Sport sprechen, vom Sport für Menschen, die zu den Grundgenüssen des Lebens fähig sind, die Phantasie haben, die frei sein wollen, eine große Weite fühlen wollen und dabei ganz sich selbst spüren und erleben.

Gute Laufschuhe

● Ein paar sehr gute Turnschuhe bzw. Laufschuhe sollte man schon besitzen oder sie sich schnellstens anschaffen. Wer schon aktiver Sportler ist, sollte sich noch ein paar gute Laufschuhe kaufen. Freizeitsportler in Ausdauerdisziplinen besitzen häufig 3 bis 4 oder sogar 5 Paar gutsitzende Laufschuhe.

Trainingsanzug, in dem man sich wohl fühlt

Einen Traininganzug, ein Hemd, eine Jacke, eine Kleidung, in der man sich wohlfühlen kann, muß man ebenfalls anschaffen. Ich rate zu der Investition einer wohligen »zweiten Haut«.

Freude

Für ein SOH-Erlebnis im Sport muß man Freude am Leben haben, genußfähig sein, Sportschuhe besitzen, die dem Fuß Halt und Sicherheit geben, dabei angenehm im Tragen sind, und einen Trainingsanzug, in dem man sich wohl fühlt und der einem steht. Mehr ist nicht nötig, man ist gut vorbereitet.

Die S. O.-Hansen Story

● Und dann kann es einem manchmal so gehen, wie jenem 42jährigen Handelsvertreter aus Mannheim, Herrn Hansen. Das war vor wenigen Jahren, als dieser lange Winter nicht enden wollte. Mannheim war in Grau getaucht, feuchte Luft, kalt. Morgens eumelte der Anlasser zäh, bis der erste Funke mit steifen Gliedern übersprang und das Auto starten konnte. Schon der 9. April! Herr Hansen war über die Autobahn nach Heidelberg gefahren. Bei dem Nebel hatte er über eine Stunde gebraucht. Aber nach der geschäftlichen Besprechung, die hinter Hei-

delberg in Dossenheim stattfand, kam auf einmal die Sonne durch. Der Zufall wollte, daß Hansen vier Stunden Zeit hatte. Er fuhr die Hänge zu den Weinbergen hinauf. Es sollte ja schon die Baumblüte begonnen haben, wie er im Autoradio gehört hatte. Und wirklich, auf einmal war der Himmel blau, die Rheinebene lag im Nebel. Hansen parkte den Wagen oberhalb der Steinbrüche, die in ihrer goldgelben Farbe an die Dolomiten erinnern, an einer Stelle sogar an die Rokkys. Da hatte er doch beim Herauffahren ein Schild gesehen »Rocky Mountain Indianer Club, Schriesheim«.

Sepp, so hieß Hansen mit dem Vornamen, der eigentlich nicht zu Hansen paßt – aber davon später – machte wie selbstverständlich den Kofferraum auf. Dort lagen seine Sportsachen. Er hat sie eigentlich immer dabei. Als er über die Weinbergwege immer höher stieg, spürte er die Sonne angenehm warm, und wirklich: Da sah er die ersten Blüten, Pfirsichblüten. Eigentlich hatte sich Sepp Hansen um diese Dinge bisher nicht gekümmert. Vielleicht rührte es daher, daß er jetzt ein bißchen außer Atem war nach hurtigem Schritt: Er spürte auf einmal diesen feuchten, süßen Duft von Pfirsichblüten. Er holte ganz tief Luft. Super!

Pfirsichduft

Während wir ihn alleine genießen lassen, möchte ich kurz die Geschichte dieses Mannes erzählen. Er heißt nicht nur Sepp Hansen, sondern Sepp-Ole Hansen. Der alte Hansen, sein Vater, lebt in Bremen. Dort ist Hansen ein häufiger Name. Als der alte Hansen vor vielen Jahren von seinen Freunden verführt wurde, in Oberbayern Skiferien zu machen, zog er sich nicht nur eine Schulterverrenkung beim Langlauf zu (treibe Sport oder bleibe gesund, haben seine freundlichen Clubkameraden dann gesagt), der alte Hansen lernte Resi Huber kennen, die

brachte ihm morgens nämlich immer das Frühstück, wenn er länger schlief als die anderen, weil er sich ja wegen seiner Schulter schonen mußte.

Resi Huber war ebenfalls auf Besuch und half ihrer Tante im Gasthof während der Ferien beim Bedienen. Es kam, wie es kommen mußte, zu einem Ausgleich des Nord-Süd-Gefälles: Das Kind erhielt einen bayuvaro-preußischen Doppelnamen, Sepp-Ole Hansen, abgekürzt: SOH. Und weil nun die Geschichte von »Sepp-Ole Hansen« so schön ist und weil er eigentlich, als er nach diesem langen Winter den ersten Sonnenschein mit dem Duft von Pfirsichblüten an der Bergstraße so richtig genießen konnte, weil er ja durch den Sport ein bißchen außer Atem gekommen war und deshalb tief atmete, nenne ich das ein Super-OH-Erlebnis.

Das ist ähnlich mit dem Oskar Krause, der immer die Initialen seines Namens anbrachte, wenn er die Dinge für in Ordnung befand: O. K. Für mich ist einfach so ein Erlebnis beim Sport, wenn es ein gewisses OH-Erlebnis ist, das SOH-Erlebnis, das Super-OH-Erlebnis, weil ich immer an Sepp-Ole Hansen denken muß.

Super O. H.

2. Schritt
Was bin ich für ein Typ?

2.1 Überblick: Was bin ich für ein Typ?

Das Wichtigste für den Sport ist die Selbsteinschätzung, besonders für den Beginn, den Neubeginn oder den Beginn mit einem neuen Programm.

A = aktiver Sportler

● Wir unterscheiden A = aktiver Sportler. Ein- bis zweimal pro Woche treiben Sie Sport. Die Ferien werden meist als Aktivurlaub verbracht. An Wettkämpfen, z. B. Volksläufen, nehmen Sie nicht teil.

P = passiver Sportler

● P = passiver Sportler. Sie haben Spaß am Sport, schauen jedoch lieber zu, als daß Sie selbst sich bewegen. Vielleicht trauen Sie sich aber auch nicht so richtig, weil Sie so schnell außer Atem kommen. Vielleicht waren Sie einmal ein guter Sportler und finden es jetzt deprimierend, wenn andere beim Sporttreiben mehr Leistung bringen. Aber eigentlich haben Sie ein »sportliches« Herz. Sie haben mit die beste Voraussetzung, Super-OH-Erlebnisse beim Sport zu gewinnen.

G = gut trainierter Sportler

● G = Sie sind ein sehr gut trainierter Sportler. Sie treiben drei- bis viermal pro Woche Sport, fahren mit dem Rennrad, nehmen an Wettkämpfen, z. B. Volksläufen, aber auch an anspruchsvolleren Veranstaltungen, teil. Sie besitzen mehrere Paar Laufschuhe und sehr viele »Trainingsklamotten«. Sie haben manchmal Schwierigkeiten, die Zeit, die Sie gerne für ihren geliebten Sport aufbringen, von der Familie und ihren Freunden abzuzwacken. Vielleicht finden Sie im Buch Anregungen, wie Sie gemeinsam mit Ihrer Familie und Freunden Sport treiben können.

I = Individualist

● I = Sie sind Individualist. Eigentlich sind solche Bücher wie dieses hier, für Sie von minderem Interesse. Vielleicht finden Sie ein paar Anregungen, wenn nicht, können Sie das Buch vielleicht verschenken und anderen eine Freude machen.

Zusammenfassung

Leben ist Bewegung von Anfang an. Es gibt so etwas wie die große und die kleine Gesundheit. Sport ist die einzige Möglichkeit, unseren persönlichen Bewegungs-Spielraum voll auszunutzen. Sport ist deshalb wesentlich mehr als Bewegungsübungen oder Kreislauftraining.

● Das SOH-Erlebnis im Sport ist nach Sepp-Ole Hansen benannt, der nach sportlichem Gehen erstmals den Duft der Pfirsichblüte spürte.

2.2 Überblick: Warum gerade Sport? Oder: Die Intelligenz im Sport aufdecken!

● Es gibt keinen intelligenten Menschen, der nicht weiß,
- daß Sport gesund ist,
- daß wir Sport als notwendigen Ausgleich für unseren technisierten und mechanisierten Alltag unbedingt brauchen,
- daß Sport zum seelischen Gleichgewicht führt,

Wenn es an Motivation mangelt

- daß Sport fit und lebensfroh macht,
- daß Sport ein SOH-Erlebnis ist, also Spaß macht, eine Mordsgaudi, Übermut und Überschuß an Energie wie bei den Delphinen, die weit mehr Lebenskraft und Intelligenz besitzen, als zum Überleben erforderlich ist und deshalb ihre kraftvollen und schönen Spiele spielen,
- daß Sport nicht die kleine, sondern die große Gesundheit sein kann,
- daß Sport bis ins höchste Alter möglich ist,
- daß Sport bei Behinderungen die Ausgleichsmöglichkeiten erschließt,
- daß Sport Arm und Reich, Jung und Alt zusammenbringt.

Wer Sport dumm treibt, ist … lebt gefährlich

● **Sport ist die wichtigste Nebensache der Welt**

Wenn man Sport dumm treibt, gibt es Bruch. Das Wochenmagazin »Der Spiegel« berichtete einmal über den Sport am Beispiel des

Fachkenntnis erwerben

Trimm-Dich-Pfades. Da war der superschwergewichtig-übergewichtig, gewichtige und wichtige Landwirtschaftsminister (Landwirtschaftsminister müssen wohl gewichtig sein) weitgesprungen. Eine Großmassenbeschleunigung zur Überwindung der Erdanziehungskraft ist nun besonders schwierig. Man bediente sich eines Tricks: Man legte die Erde tiefer. Er sprang also von einer 1 m hohen Anlauframpe in die tiefergelegene Sandgrube. Toller Trick, wie man träge Massen von Wohlstandsbürgern überwindet. Aber ein dummer Trick, wenn man alle Energie zur Überwindung träger Massen einsetzt und die Schwachstellen nicht mit Fachkenntnis und Sorgfalt beachtet. So geschah es: Peng, der kolossale Landwirtschaftsminister landete auf dem durchaus nicht kolossalen, sondern eher zarten Hebewerk seines Fahrgestelles, einer der das federnde Fußgewölbe überspannenden Mittelfußknochen brach, peng! *»Treibe Sport, oder bleibe gesund.«*

Dummer Sport ist gefährlich!

● Die meisten Trimm-Dich-Pfade schreiben manche Übungen vor, die nur von Hochtrainierten mit gestählten Muskeln ohne Schaden durchgestanden werden können.

Liegestütze können das Herz überbelasten

Langsam laufen ist gesund. Schnell laufen ist nicht gesünder.

Vermeiden Sie Heben und Stemmen von sehr schweren Gegenständen. Wenn es sich nicht vermeiden läßt, sollten Sie unbedingt dabei weiteratmen, nicht die Luft anhalten und pressen. Ihr Blutdruck steigt sonst in gefährliche Höhen.

Besonders die **Lendenwirbelsäule** ist gefährdet. Aber auch **Herz und Kreislauf** können bei manchen Anstrengungen überbelastet werden.

- Die neuen »Sport**lehr**pfade« gestalten die Trimm-Dich-Pfade ungefährlicher, lustiger, man übt, trainiert und lernt noch nebenbei, was gut ist beim Sport und was gefährlich.

Wer, wann, wie, wo

- Damit Sport nicht schon gleich am Anfang schadet, auch wenn es nur kleine Zerrungen, Prellungen, Überlastungen sind, sondern damit Sport ohne Beschwerden, ungefährlich mit Freude und persönlichem Gewinn getrieben werden kann, müssen wir uns die Frage vorlegen: Wer, wo, wann, wie Sport treiben will?

Wo – das Gelände, die Umgebung, auch die Ferienumgebung wird in den Schritten 3, 5 und 8 behandelt.

Wann – im Tagesablauf und
Wie – Schuhe, Kleidung, Ernährung – wird in den Schritten 3, 5 und 7 behandelt, spezieller in den Schritten 8 und 9.
Wer – ist die wichtigste Frage beim 2. Schritt.

Jede Kette ist so stark wie ihr schwächstes Glied. Beim schwergewichtigen Landwirtschaftsminister war während des Weitsprungs der dünne Röhrenknochen des Mittelfußes die schwächste Stelle und brach: Humpeln und kein Sport mehr!

Schwachstellen

● Wir müssen also die Schwachstellen aufspüren.
Aber es geht nicht nur um **Schwachstellen,** wir möchten ja auch etwas gefordert werden, wenn auch nicht überfordert, wir möchten das Gefühl haben, etwas geleistet zu haben. Es geht um die richtige Einstufung. Die wollen wir jetzt vornehmen.

Einstufung

2.3 Einstufung

– Wo stehe ich sportlich und konditionell?

Frage	Antwort	Punktzahl	Meine Punkte
Ihr Alter?	über 55 Jahre	4	________
	45–55 Jahre	5	________
	35–45 Jahre	6	________
	25–35 Jahre	7	________
	unter 25 Jahren	8	________

Frage	Antwort	Punkt-zahl	Meine Punkte
Betreiben Sie Ausdauer-sport?	bis jetzt nicht	2	________
	früher	4	________
	2–3 × im Monat	6	________
	6–8 × im Monat	8	________
	12 × und mehr im Monat	10	________
Wie schätzen Sie Ihre Fit-neß ein?	sehr schlecht	2	________
	schlecht	4	________
	mittelmäßig	6	________
	gut	8	________
	sehr gut	10	________
Welchen Ruhepuls haben Sie? (im Sitzen)	über 80	2	________
	70–80	4	________
	65–70	6	________
	55–65	8	________
	unter 55	10	________
Wie weit sind Sie von Ihrem Idealgewicht ent-fernt? (Idealgewicht = Zentime-ter über 1 Meter Körper-größe – minus 10%)	über 15 kg	2	________
	10–15 kg	4	________
	5–10 kg	6	________
	2–5 kg	8	________
	Idealgewicht	10	________
		Gesamtpunktzahl	________
		Gesamtpunktzahl durch 5 teilen =	________

Mein sportliches Ziel?

Frage	Antwort	Punkte	Meine Punkte
Welches Ziel will ich unabhängig vom jetzigen Leistungsvermögen erreichen?	gemütliches Wandern – kurze Strecken	2	________
	wandern – längere Strecken	4	________
	Wanderungen, auch querfeldein – längere Touren	6	________
	sportliche Freizeitgestaltung – auch Touren	8	________
	Teilnahme an Volksläufen sowie Sportwettkämpfen	10	________
Wie schätzen Sie sich derzeit sportlich ein?	Spaziergänge ohne besondere sportliche Fertigkeiten oder Techniken (kein sportlicher Typ)	2	________
	als Spaziergänger, der sich noch an manche sportliche Techniken aus der Schulzeit erinnern kann, der einem Ball nachläuft, wann immer er ihm vor die Füße rollt	4	________

	als Freizeitsportler, der im Betriebs- oder Vereinssport mindestens 1 mal in der Woche mitmacht, in der Freizeit Radtouren o. ä. unternimmt, Aktivurlaub plant	6	________
	als einer, der regelmäßig Ausdauertraining betreibt mit mindestens 30 km/Woche lockeren Dauerlauf bzw. vergleichbare andere Belastung, mehrmals im Jahr Teilnahme an Volksläufen	8	________
	wettkampforientierter Sportler, vor allem in Ausdauerdisziplinen	10	________
Welche Zeit können Sie für das Training pro Woche aufbringen?	nur an Wochenenden 1–2 Std.	2	________
	am Wochenende und zusätzlich an einem Wochentag	4	________
	am Wochenende und an zwei Wochentagen	6	________
	5–7 St./Woche	8	________
	über 7 Std./Woche	10	________

Welchen Aufwand sind Sie bereit zu treiben?	kein Aufwand (möchte noch nicht einmal so ins Schwitzen kommen, daß ich anschließend duschen muß)	2	______
	so wenig Aufwand wie möglich, Trainingskleidung wird angezogen, keine Anfahrtsstrecken zu Sportstätten	4	______
	notfalls würde ich mir ein paar sehr gute Trainingsschuhe zur Gelenkschonung und Stützung kaufen und auch einen etwas längeren Anfahrtsweg auf mich nehmen, um ein geeignetes Gelände zu erreichen	6	______
	wenn ich günstige Voraussetzungen habe, bin ich bereit, auch einen größeren finanziellen und zeitlichen Aufwand zu treiben	8	______
	scheue keinerlei Aufwand	10	______

Meine Gesamtpunktzahl: ________

Gesamtpunktzahl durch 4 teilen = ________

Auswertung

- Sie haben jetzt zwei Themenblöcke beantwortet:
  – Wo stehe ich sportlich und konditionell?
  – Mein sportliches Ziel?

  Für die Auswertung muß Ihr gegenwärtiger sportlicher und konditioneller Stand, Ihre Eingangsbilanz in Verbindung gebracht werden zu Ihrem sportlichen Ziel, dem Jahresabschluß.

Die drei großen L

- Eine Grundregel gilt für alle:
  Langsam beginnen,
  langsam steigern,
  lange durchhalten.

  Grundsätzlich gilt, daß eine hohe Punktzahl den gut Trainierten beschreibt, eine niedrige Punktzahl den Untrainierten, eine mittlere Punktzahl den Gelegenheitssportler.

  Achtung! Spezialgruppe. Im 6. und 7. Schritt gehen wir auf spezielle Situationen ein, z. B. wenn Sie mit bestimmten Begleitumständen von Herz-Kreislauf-Krankheiten leben müssen, wenn Sie beispielsweise einen Herzinfarkt durchgemacht haben, Durchblutungsstörungen in den Beinen haben, oder bei Ihnen ein Bluthochdruck festgestellt wurde.

Ehrliche Antworten zeigen den Leistungsstand

● Wo stehe ich sportlich und konditionell?

Bis auf das Alter kann ich alle Faktoren beeinflussen. Doch die ehrliche Antwort zeigt meinen derzeitigen Leistungsstand.

P-Typ

● Unter 5 Punkten (Entspricht P-Typ)

Herzlichen Glückwunsch, daß Sie mit Sport beginnen wollen. Da Sie konditionell weit unten anfangen, haben Sie die besten Aussichten, Ihre Gesundheit zu verwöhnen und fitter im Alltag zu sein. Die Übungen und Programme werden Sie leichter atmen lassen, Sie beweglicher machen, Ihren Stoffwechsel und Ihre Kreislaufzirkulation harmonisch einstellen. Auch Ihre Gemütsverfassung wird ausgeglichener und freundlicher werden.

Die von Ihnen erreichten Punktzahlen besagen: Sie sollen sehr allmählich beginnen. Gehen Sie nicht zu schnell vorwärts. Üben und Trainieren mit Köpfchen, auch wenn es die Arme und Beine betrifft. Gehen Sie die Fragen nochmals durch, um Schwachpunkte herauszufinden. Jede Kette ist so stark wie ihr schwächstes Glied.

A-Typ

Ein guter Trainingszustand ist kein Bankguthaben. Er nimmt ohne regelmäßige Übung von alleine ab. »Falsche« Übungen können schaden

● 5–6,5 Punkte (Entspricht A-Typ)

Mit diesem Ergebnis liegen Sie in der Mitte. Sie können die volle Breite der angebotenen Übungen und Programme nutzen. Manches wird Ihnen schon bekannt sein. Betrachten Sie dann die Übungen als Wiederholung. Denken Sie daran: Unsere Gelenke und Muskeln, aber auch unser Kreislauf müssen immer wieder geübt werden. Überprüfen Sie anhand der Anleitungen, ob sich nicht eine »falsche« Übung bei Ihnen eingeschliffen hat. Falsche Übungen können zu Schäden führen.

G-Typ
Abwechslung bringt Vergnügen und schont die Gelenke

● **7–8 Punkte (Entspricht G-Typ)**
Sie werden die meisten sportlichen Möglichkeiten nutzen können. Vielleicht versuchen Sie auch einmal zur Abwechslung neue Sportarten. Wie steht es mit Radfahren, Kanu, Skilanglauf?

Spitzensportler
Wichtig: Lockerung und Entspannung. Lebenswichtig: Ausdauer

● **Mehr als 8 Punkte (Spitzensportler, vielleicht ein I-Typ)**
Sie sind eigentlich ein Spitzensportler. Sie sollten nur noch mehr Betonung auf Ausdauersportarten legen. Suchen Sie sich von den angebotenen Übungen und Programmen vor allen Dingen die Entspannungs- und Lockerungsübungen aus und die auf lange Ausdauer gerichteten Sportarten.

Mein sportliches Ziel

P-Typ:
Ein optimaler Schuh, gerade für den Anfänger

● **Bis 4 Punkte (Entspricht P-Typ)**
Für dieses Ergebnis möchten wir Ihnen nur empfehlen, sich am Anfang sehr gute Trainingsschuhe zu kaufen (siehe das entsprechende Kapitel). Eine locker sitzende Hose und ein T-Shirt werden Sie besitzen.

A-Typ

● **5–6 Punkte (Entspricht A-Typ)**
Sie sollten sich schon entsprechende Trainingskleidung anschaffen, falls Sie diese noch nicht besitzen. Bitte überprüfen Sie, ob Ihr Bestand den Anforderungen entspricht (siehe entsprechendes Kapitel).

G-Typ
Trainingskleidung und -schuhe doppelt. Schweißdurchlässige Unterwäsche

● **7–8 Punkte (Entspricht G-Typ)**
Die Sportausrüstung sollte mindestens doppelt vorhanden sein, damit Sie wechseln können. Vor allen Dingen empfehlen sich 2 Paar Trainingsschuhe. Auch auf entsprechende Unterwäsche ist zu achten (siehe entsprechendes Kapitel). Spezielle Kleidung

bei speziellen Sportarten (siehe entsprechendes Kapitel), z. B. Radfahrer, Wassersportarten.

Spitzensportler

● 9–10 Punkte (Spitzensportler vielleicht ein I-Typ?)

Schlechtwetterausrüstung?! Denken Sie an Ihre Sicherheit. Schützen Sie sich vor Verletzungen

Überprüfen Sie Ihre Ausrüstung. Haben Sie auch eine optimale Schlechtwetterausrüstung aus besten wasser- und windabweisenden Materialien, die gleichzeitig optimal die Schwitznässe abdampfen lassen? Haben Sie an Ihre Sicherheit gedacht, z. B. Sturzhelm beim Rennradfahren (hier gibt es gute und schlechte Modelle).

Schwachpunkte in das Bewußtsein rufen!

Nach der Beantwortung und Auswertung aller Fragen haben Sie den ersten und wichtigsten Schritt zum optimalen Training getan. Die ermittelten Punktzahlen sind eine wertvolle Hilfe. Gehen Sie trotzdem die Fragenkomplexe nochmals durch, damit die Schwachpunkte in das Bewußtsein gerufen werden. Kontrollieren Sie außerdem, ob die Ergebnisse Ihrer Antworten weit auseinanderliegen und nicht so recht zusammen zu passen scheinen. Haben Sie zum Beispiel beim sportlichen Ziel eine Punktzahl erreicht, die Sie nahezu als Spitzensportler kennzeichnet, liegen aber die erreichten Punkte bei der sportlichen Leistungsfähigkeit (Ihre jetzige Kondition) wesentlich niedriger, wissen Sie, wo anzusetzen ist. Entweder müssen Sie das Ziel korrigieren oder Ihre Kondition verbessern. Im allgemeinen muß man sich nach der Kondition orientieren und darf nicht mit Scheuklappen auf das Ziel schauen.

Wenn nötig, Kondition verbessern. Nicht mit Scheuklappen aufs Ziel schauen

Mein Ergebnis

● Wo stehe ich konditionell?
Meine erreichte Punktzahl: ...

● Mein sportliches Ziel?
Meine erreichte Punktzahl: ...

Ich stufe mich unter Berücksichtigung meiner Kondition, aber auch meiner Zielvorstellung, zum gegenwärtigen Zeitpunkt ein:

P: Passiver Sportler ☐ P
A: Aktiver Sportler ☐ A
G: Gut trainierter Sportler ☐ G
I: Individualist ☐ I
(Spitzensportler können sich zu den Individualisten zählen)

● Im folgenden finden Sie Programme für passive Sportler (P), aktive Sportler (A) und gut trainierte Sportler (G). Die Programme sind miteinander verbunden. Das Basisprogramm dient der Lockerung und Entspannung, der Gelenkbeweglichkeit, der Koordination und der Flexibilität, auch der gezielten Dehnung nach sportlichen Anstrengungen.

Aufwärmen und Abwärmen

Manche dieser Übungen sollten **vor** Beginn jeder sportlichen Leistung zum Lockern und Aufwärmen durchgeführt werden. Auch **nach** jeder Sportstunde sollen die Gelenke und Muskeln gelockert, gedehnt und entspannt werden.

● Wir unterscheiden 4 Typen, für die die Programme ausgearbeitet wurden:

P-Typ: Passivsportler
A-Typ: Aktivsportler
G-Typ: Gut trainierter Sportler
I-Typ: Individualist. Hierzu zählen wir auch Spitzensportler.

Beachte Schritt 6 und 7: S-Typ, wenn spezielle Herz-Kreislauf-Probleme vorliegen.

Zusammenfassung

Sport erschließt nur dann gefahrlos einen großen Bewegungs-Spiel-Raum, wenn er mit Verstand ausgeführt wird. Es sind die Fragen zu den beiden Themenblöcken zu beantworten:

- wo stehe ich sportlich und konditionell?
- mein sportliches Ziel?

Danach können Sie anhand der erreichten Punktzahlen Ihre persönliche Zuordnung zum gegenwärtigen körperlichen Leistungszustand vornehmen.

3. Schritt
Basisprogramm

3.1 Einleitung
3.2 Basisprogramm für P-Typ (Passiv-Sportler)
3.3 Dehn-, Lockerungs- und Kräftigungsübungen

3.1 Einleitung

Wenn Sie den Entschluß gefaßt haben, Sport zu treiben, soll Ihnen ein kleines Gymnastikprogramm den Anfang etwas erleichtern. Damit es nicht durch falschen Ehrgeiz oder ungünstige Voraussetzungen zur frühen Aufgabe kommt, soll hier kurz etwas zum **Wer, Wann, Wo und Wie** gesagt werden.

Wer: Jeder Mensch hat unterschiedliche Vorausetzungen, sei es das Alter, das Gewicht, der Trainingszustand oder auch eine überstandene Krankheit. Deshalb ist es wichtig, daß jeder selbst die Übungen herausfindet, die für ihn geeignet sind.

Wann: Es ist nicht so wichtig, ob die Gymnastik morgens, mittags oder abends durchgeführt wird. Nur erscheint mir wichtig, daß nicht unmittelbar nach Mahlzeiten geübt wird. Bei einer 7-

Tage-Woche halte ich eine Gymnastik von 4- bis 5mal pro Woche für ausreichend.

Wo: Die Ansprüche an die Räumlichkeiten sind sehr gering. Auf zwei Punkte sollte allerdings geachtet werden.

1. Ausreichende Bewegungsfreiheit
2. Genügend frische Luft

Wie: Jede Übungsstunde (15–30 Min.) sollte folgende 5 Punkte beinhalten:

1. Aufwärmen
2. Lockerung
3. Dehnen
4. Kräftigung
5. Koordination (Gewandtheit, Geschicklichkeit)

● Um Überlastungen oder gar Verletzungen vorzubeugen, ist das **Aufwärmen** eine wichtige Voraussetzung. Es sollte ca. 5–10 Minuten dauern und sich durch **Lockerungs-** und Atemübungen ergänzen. **Dehnübungen** dürfen keine unangenehmen Schmerzen hervorrufen. Sie sollten langsam, nicht ruckartig und ohne Nachfedern ausgeführt werden. Bei den **Kräftigungsübungen** ist die richtige Ausgangsstellung wichtig, um gezielt bestimmte Muskeln zu erreichen. Durch die **Koordinationsübungen** wird das Zusammenspiel von Armen, Beinen und Rumpf verbessert.
Damit das Übungsprogramm nicht langweilig wird, muß es abwechslungsreich gestaltet werden. Machen Sie nicht jedesmal die gleichen Übungen, denn durch Monotonie bleibt die Freude an der Bewegung auf der Strecke. Doch nun viel Spaß!

3.2 Basisprogramm für P-Typ (»Passiv-Sportler«)

Aufwärmübungen: (ca. 5–10 Min.)

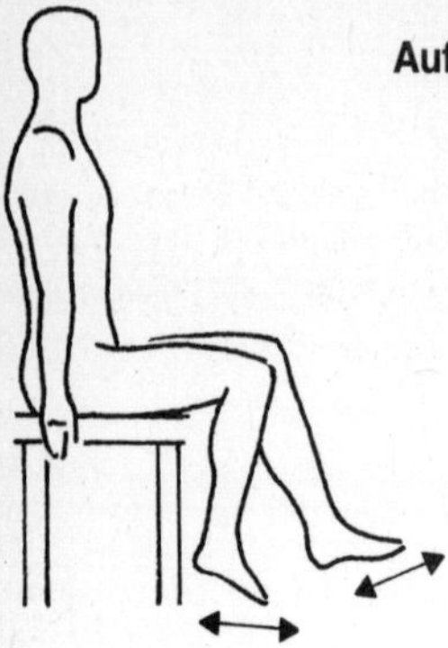

1. Auf einem Hocker sitzen, mit beiden Beinen auf der Stelle laufen.
ca. 15–30 Sek.

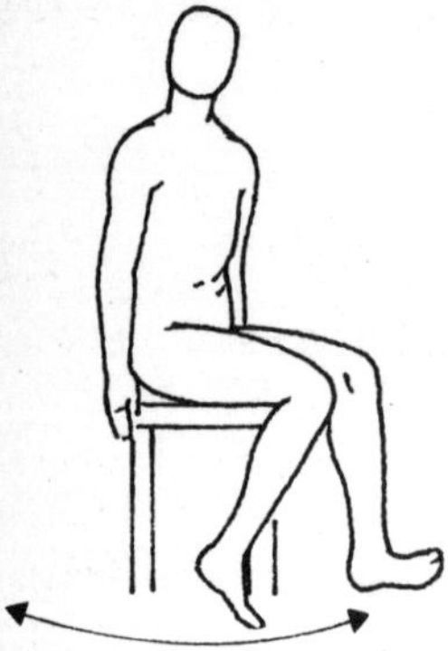

2. Wie Übung 1, nur dabei im Wechsel nach rechts und links laufen.
15–30 Sek.

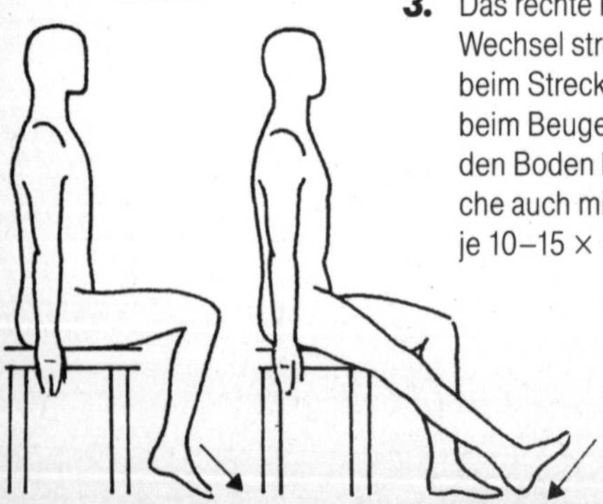

3. Das rechte Bein nach vorne im Wechsel strecken und beugen, beim Strecken mit der Ferse, beim Beugen mit der Fußspitze den Boden berühren, das gleiche auch mit dem linken Bein.
je 10–15 ×

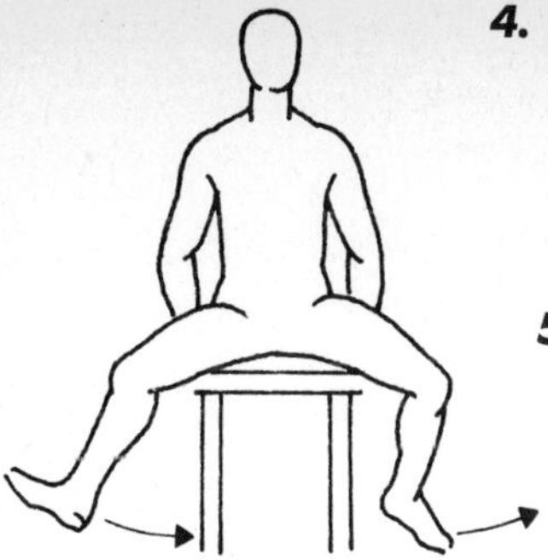

4. Wie Übung 3, nur die Beine dabei zur Seite strecken und beugen.
je 10–15 ×

5. Beide Beine gleichzeitig im Wechsel nach vorne und zur Seite strecken und beugen. Anschließend kräftig lockern und ausschütteln.
je 10 ×

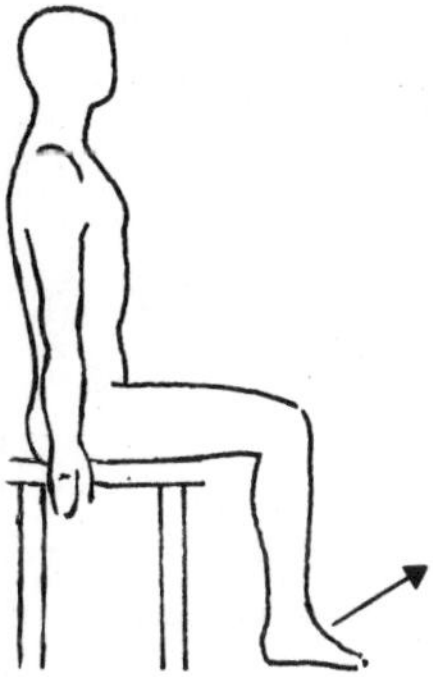

6. Arme nach oben strecken, einatmen, dann den Rumpf nach vorne fallenlassen, ausatmen.
5–10 ×

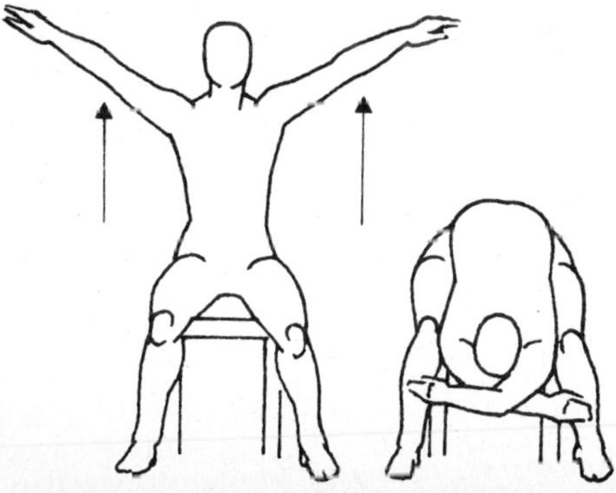

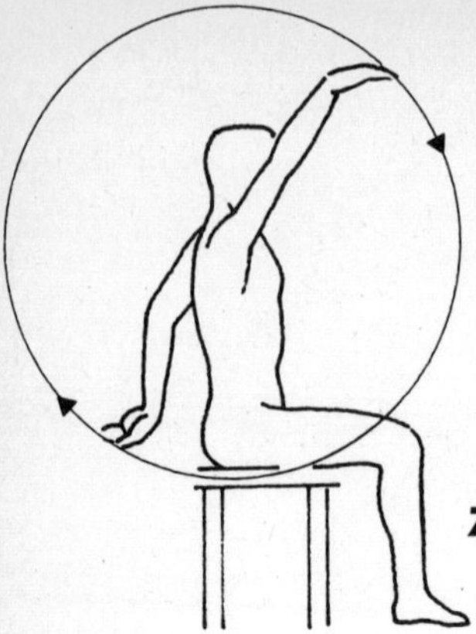

7. Windmühlenkreisen mit beiden Armen vorwärts und rückwärts.
je 10 ×

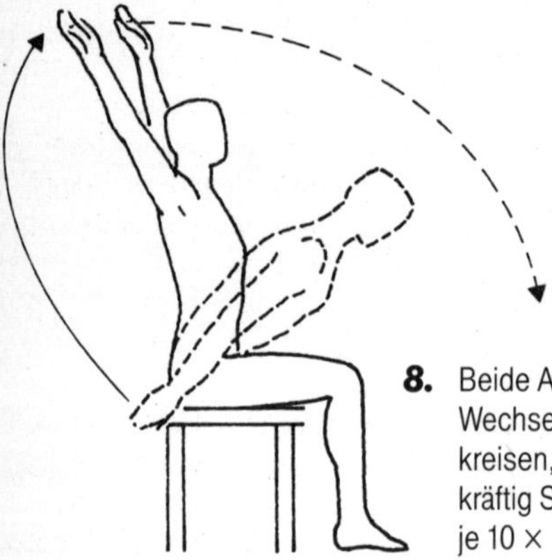

8. Beide Arme gleichzeitig im Wechsel vorwärts und rückwärts kreisen, dabei mit dem Rumpf kräftig Schwung geben.
je 10 ×

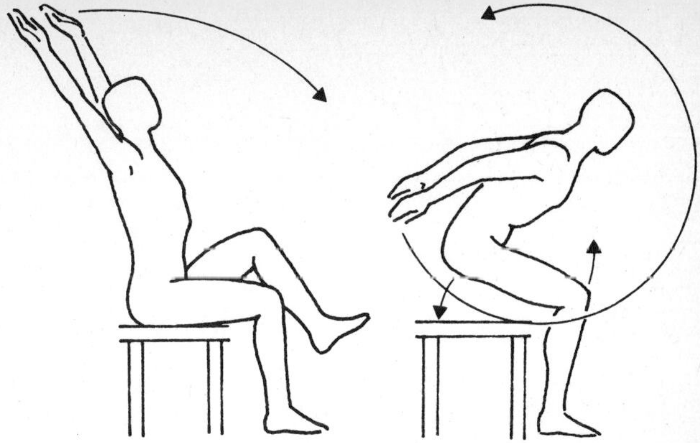

9. Im Wechsel beide Arme nach vorne oben und hinten unten schwingen, beim Vorschwingen abwechselnd das rechte und linke Knie hochziehen, beim Zurückschwingen den Rumpf vorbeugen und das Gesäß anheben.
10 ×

10. Hampelmann im Sitzen, Beine grätschen und über dem Kopf in die Hände klatschen, dann Beine schließen und die Hände seitlich an die Oberschenkel schlagen.
10–15 ×

● Anschließend ein paarmal tief ein- und ausatmen, dabei beide Arme leicht heben und senken.

3.3 Dehn-, Lockerungs- und Kräftigungsübungen

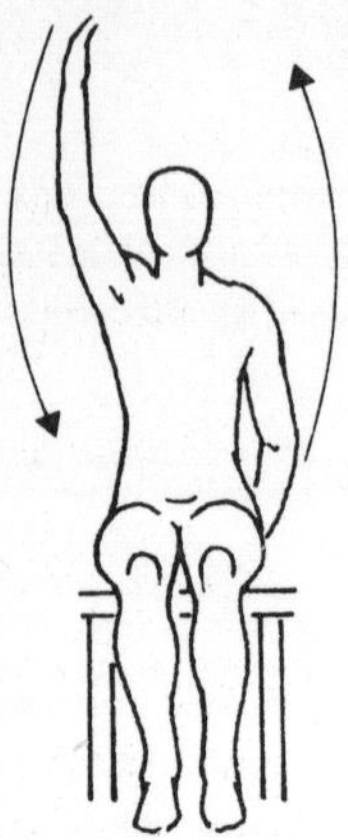

11. Im Wechsel den rechten und linken Arm nach oben strecken und wieder locker fallenlassen.
je 5 ×

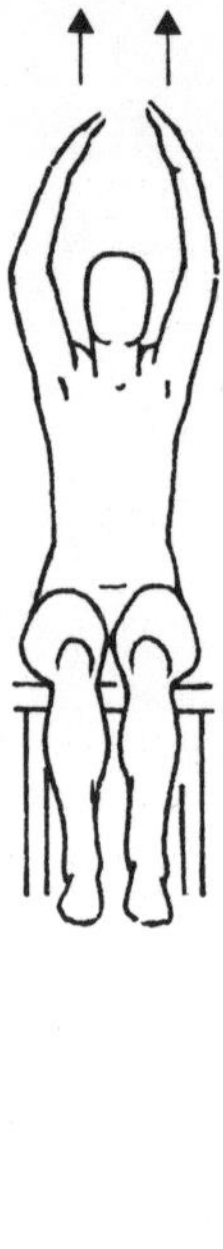

12. Beide Arme nach oben strecken, im Wechsel die rechte und linke Hand nach oben schieben.
je 5 ×

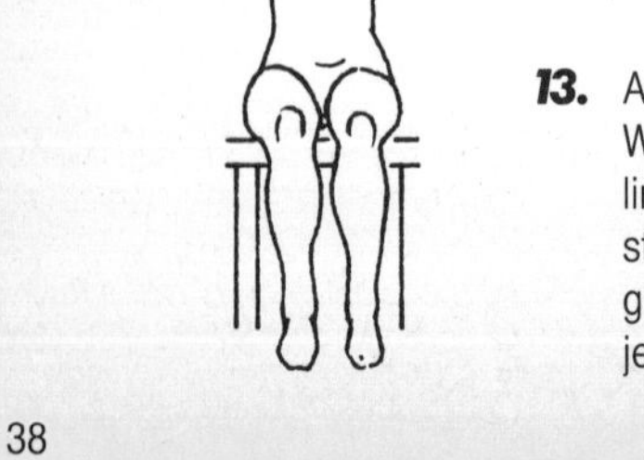

13. Arme seitlich strecken, im Wechsel zuerst den rechten und linken Unterarm beugen und strecken, dann beide Unterarme gleichzeitig.
je 10–20 ×

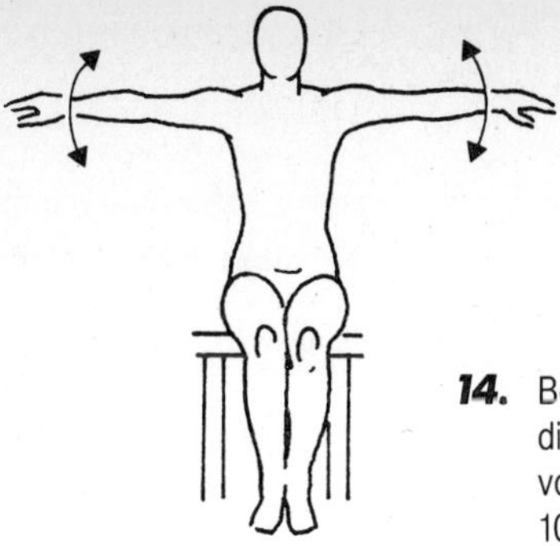

14. Beide Arme seitlich gestreckt, die Arme im Wechsel nach vorne und hinten drehen.
10 ×

15. Beide Schultern im Wechsel vorwärts und rückwärts kreisen, danach mit beiden Schultern gleichzeitig.
je 5–10 ×

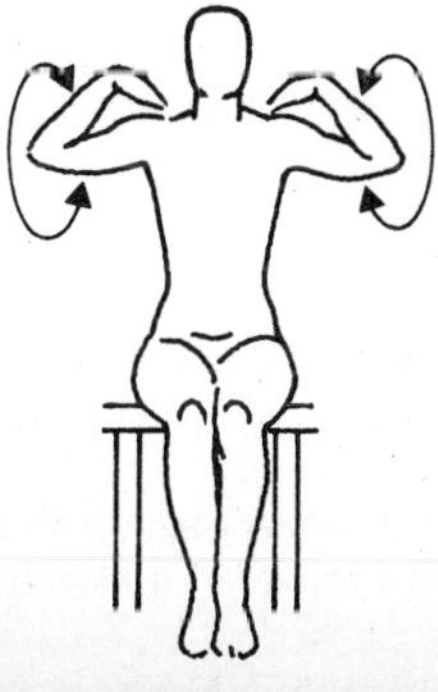

16. Beide Hände auf die Schultern, Ellbogenkreisen vor- und rückwärts, zuerst im Wechsel, dann gleichzeitig.
je 5–10 ×

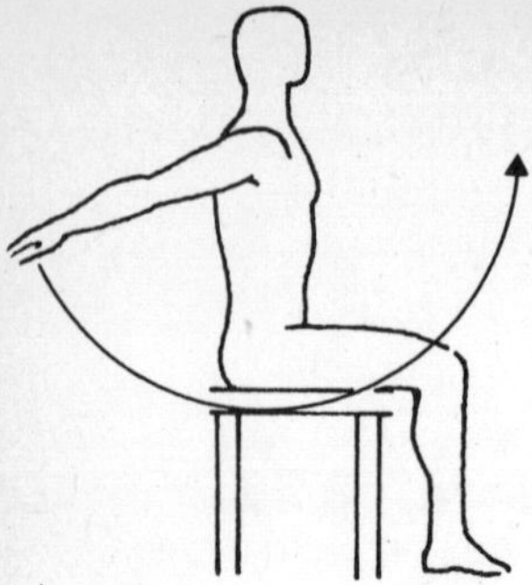

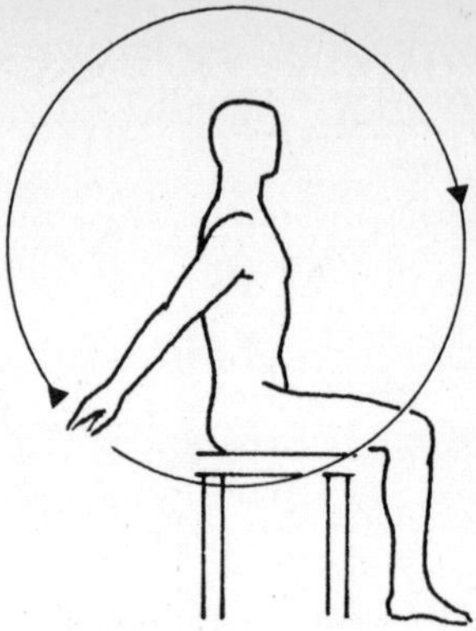

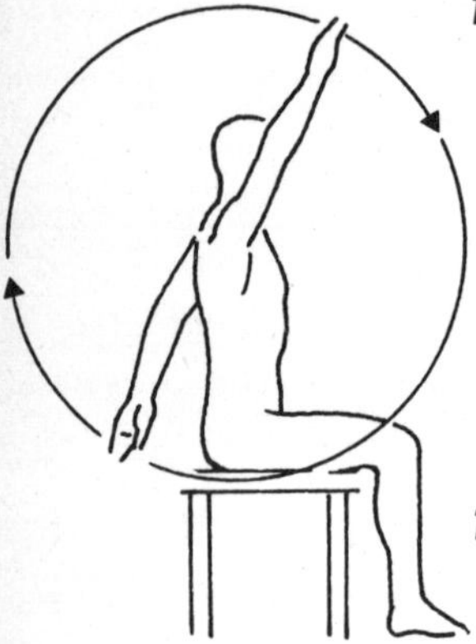

17. Mit einem Arm vor- und rückwärts pendeln, danach vorwärts und rückwärts kreisen.
je 10 ×

18. Windmühlenkreisen vor- und rückwärts.
je 10 ×

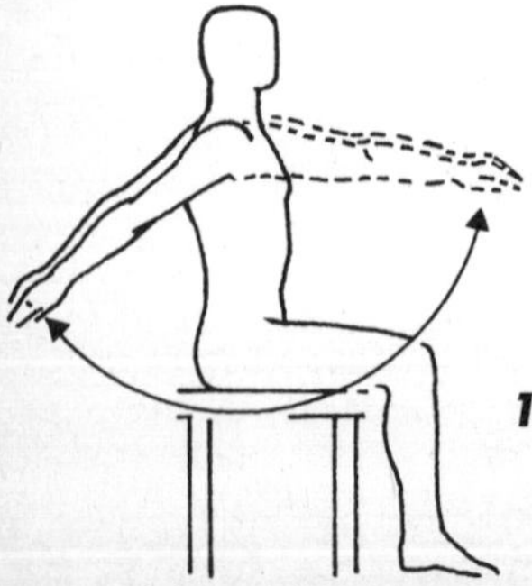

19. Abwechselnd vor und hinter dem Körper in die Hände klatschen.
10 ×

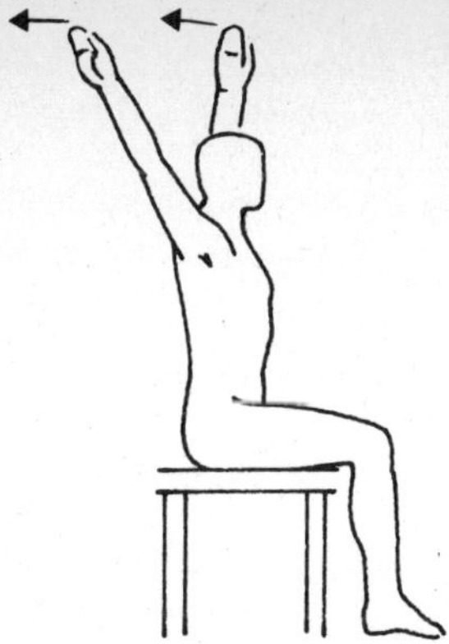

20. Beide Arme nach oben gestreckt, im Wechsel mit dem linken und rechten Arm nach hinten federn.
je 10 ×

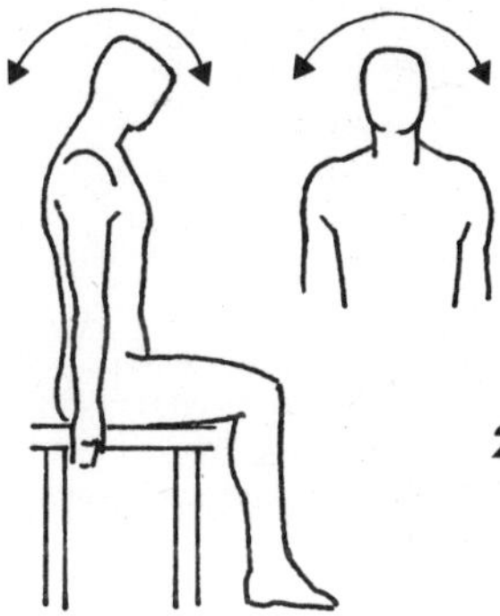

21. Den Kopf im Wechsel nach vorne, hinten, rechts und links neigen.
je 5 ×

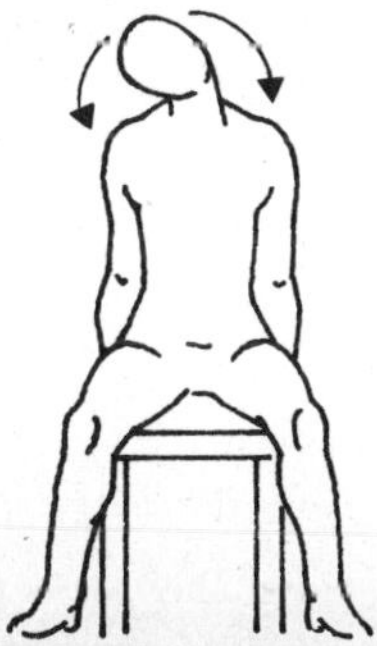

22. Den Kopf abwechselnd nach rechts und links seitlich beugen und versuchen, mit dem Ohr die Schulter zu berühren.
je 5 ×

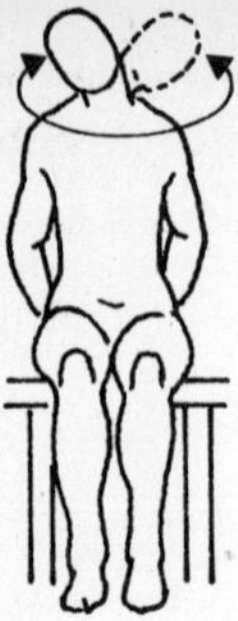

23. Den Kopf seitlich neigen, dann mit dem Kinn über die Brust zur anderen Seite rollen und wieder zurück.
je 5 ×

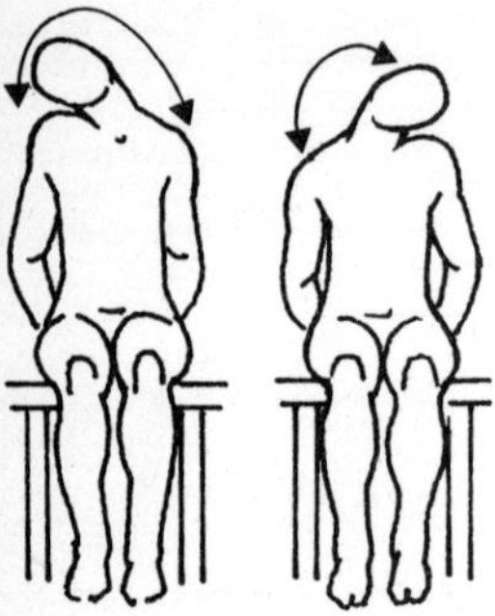

24. Kopf seitlich neigen, mit dem Ohr die Schulter berühren, dann den Kopf zur anderen Seite neigen, gleichzeitig die Schulter nach unten drücken.
je 5 ×

25. Beine leicht gegrätscht, beide Arme nach hinten oben heben, einatmen, dann Rumpf nach vorne beugen, mit den Fingerspitzen den Boden berühren, ausatmen.
5–10 ×

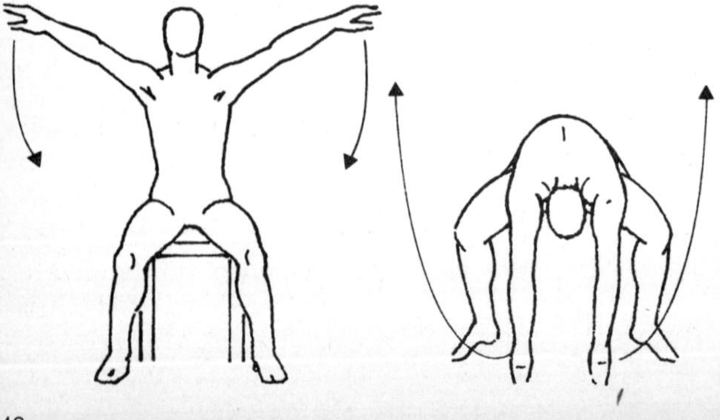

26. Den Rumpf im Wechsel nach rechts und links seitlich beugen, Fingerspitzen bis zum Boden.
je 5–10 ×

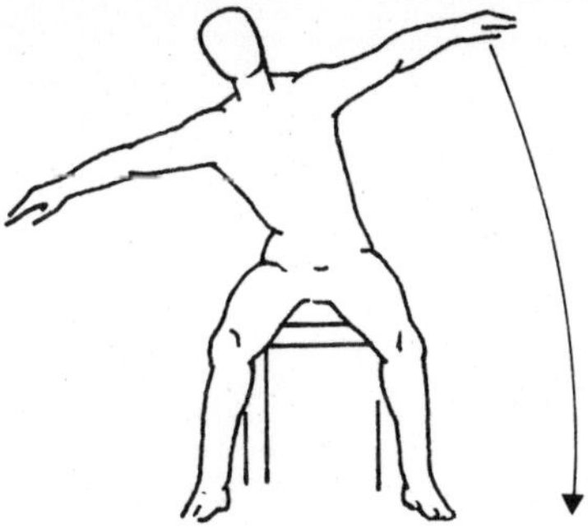

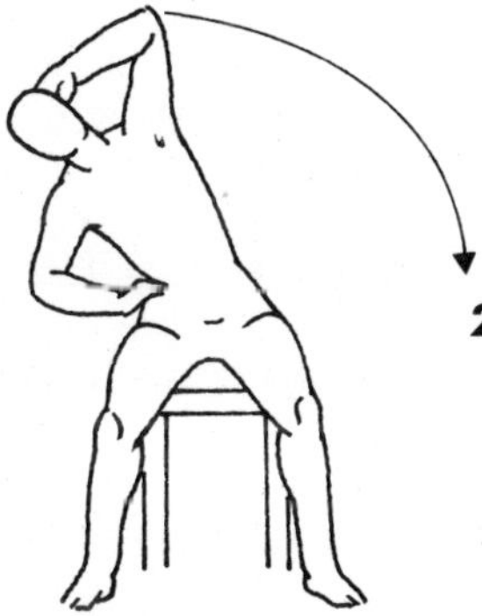

27. Wie 26, jedoch beim Beugen nach rechts den linken Arm über den Kopf heben, einatmen, beim Aufrichten, Arm senken, ausatmen.
je 5 ×

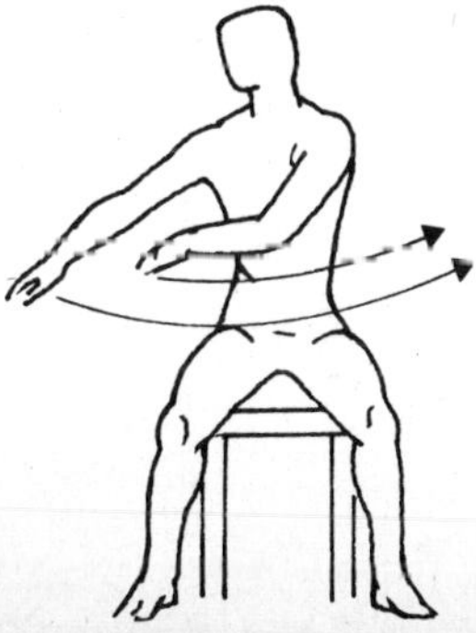

28. Den Rumpf im Wechsel nach rechts und links drehen, beide Arme locker mitschwingen.
5–10 ×

29. Beine gegrätscht, im Wechsel mit dem rechten Ellbogen das linke Knie, mit dem linken Ellbogen das rechte Knie berühren.
je 10 ×

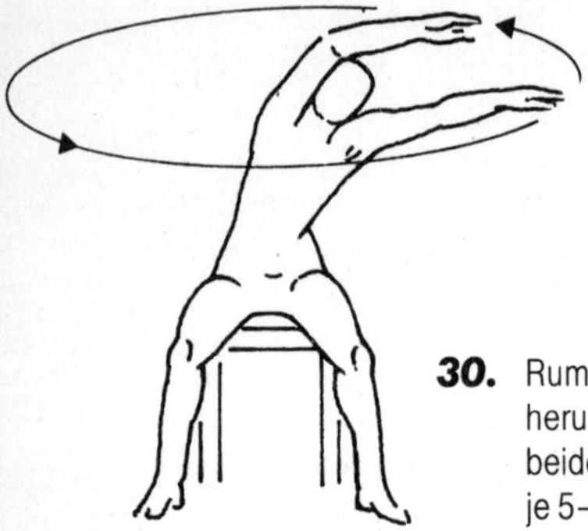

30. Rumpfkreisen rechts- und linksherum, zuerst ohne, dann mit beiden Armen über dem Kopf.
je 5–10 ×

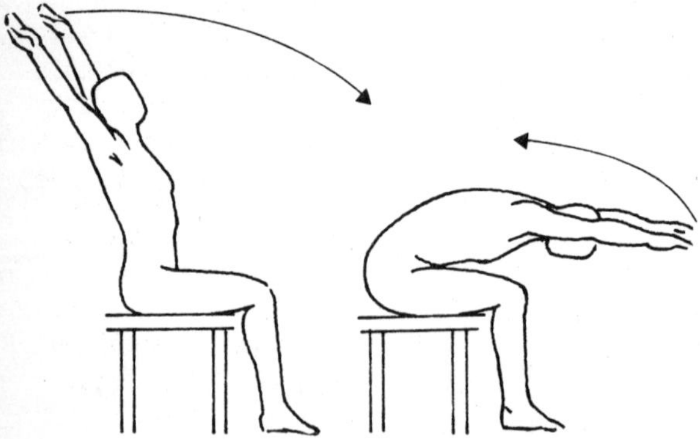

31. Den Rumpf waagerecht nach vorne beugen, beim Beugen beide Arme nach vorne oben heben, ausatmen, beim Aufrichten einatmen.
5–10 ×

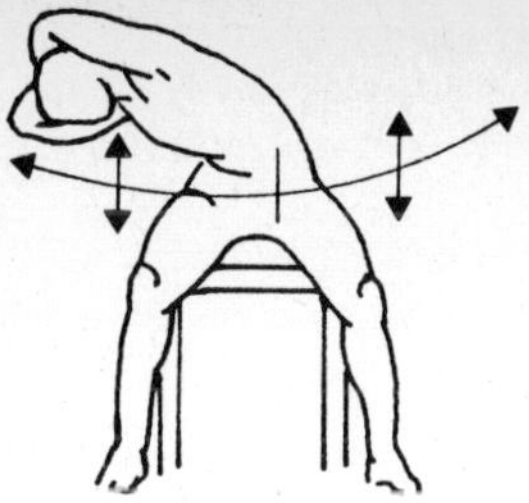

32. Hände im Nacken verschränken, Oberkörper vorbeugen, den Rumpf wippend im Wechsel nach rechts und links seitlich beugen.
5 ×

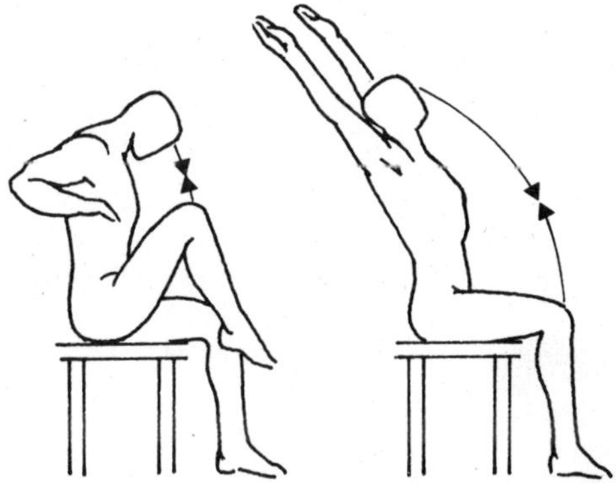

33. Das rechte Knie vorne hochziehen, gleichzeitig versuchen, mit der Stirn das Knie zu berühren, ausatmen, dann Kopf nach hinten oben heben, Knie senken, einatmen, links das Gleiche.
je 5–10 ×

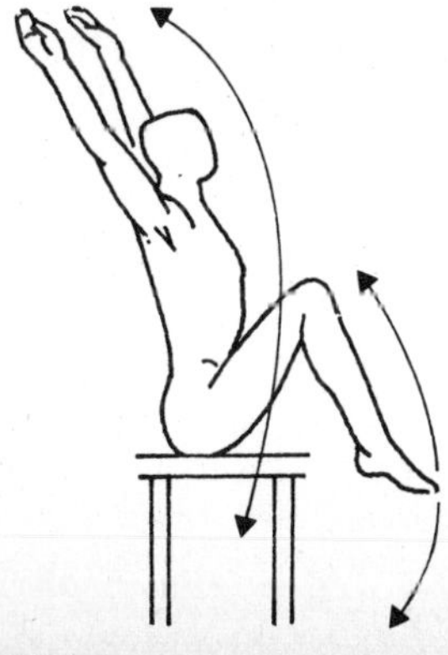

34. Beide Arme nach hinten oben führen, gleichzeitig beide Knie Richtung Brust hochziehen.
5–10 ×

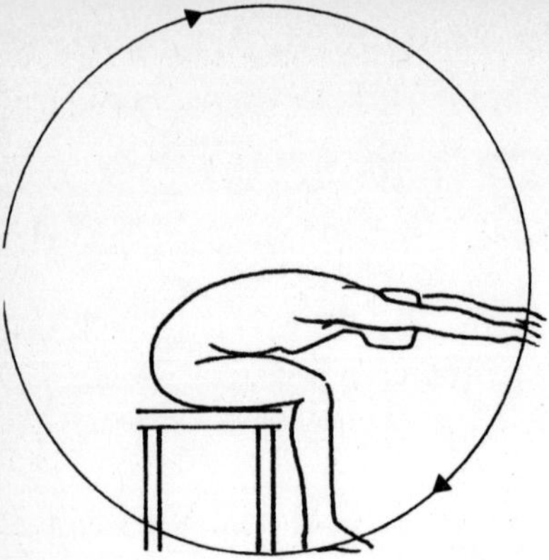

35. Beide Arme gleichzeitig im Wechsel vorwärts und rückwärts kreisen, beim Heben der Arme den Rumpf leicht nach hinten beugen, beim Senken den Rumpf weit nach vorne unten fallenlassen.
je 5 ×

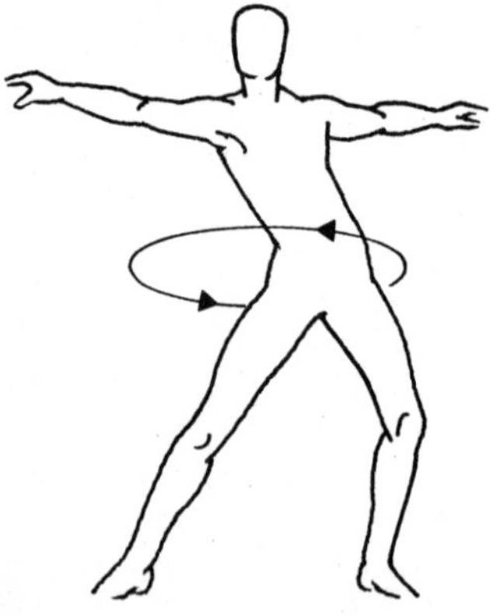

36. Im Stehen Beckenkreisen rechts und links herum.
je 10 ×

37. Auf einem Bein stehen, beim anderen Bein mit dem Unterschenkel vor- und zurückpendeln.
10 ×

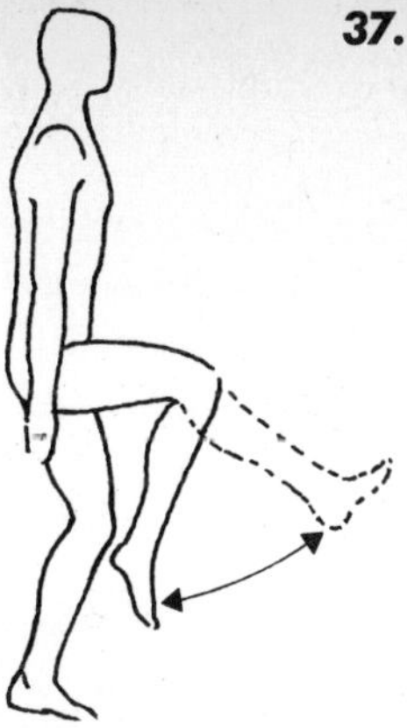

38. Wie 37, jedoch mit dem Unterschenkel kreisen.
10 ×

39. Auf einem Bein stehen, mit dem anderen Bein nun das Standbein nach hinten, danach wieder nach vorne schwingen, Beine überkreuzen sich hinten und vorne.
je 5 ×

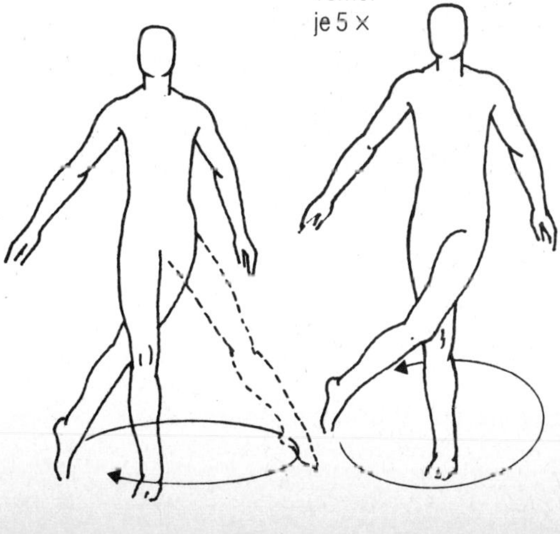

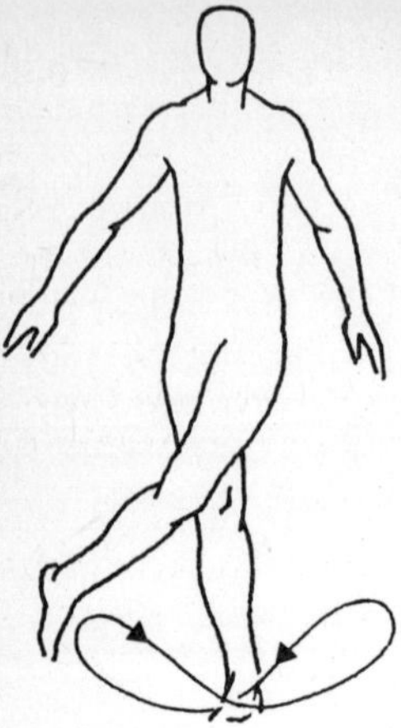

40. Achterkreisen mit einem Bein vor dem Standbein.
10 ×

41. Beide Arme auf dem Hocker abstützen, ein Bein gebeugt, das andere Bein nach hinten gestreckt, Fußspitze am Boden, langsam und leicht federnd die Ferse des gestreckten Beines zum Boden drücken.
je 10 ×

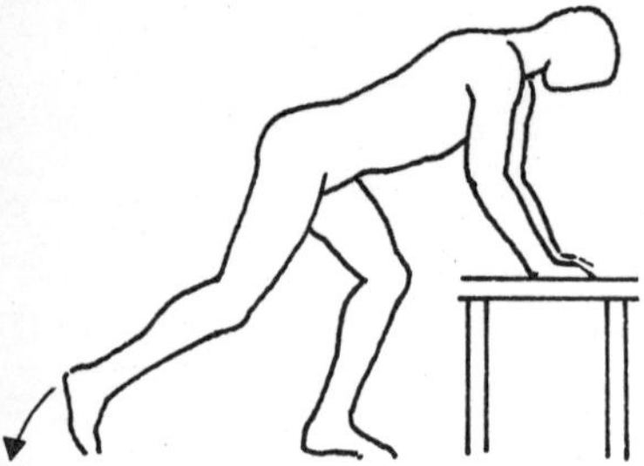

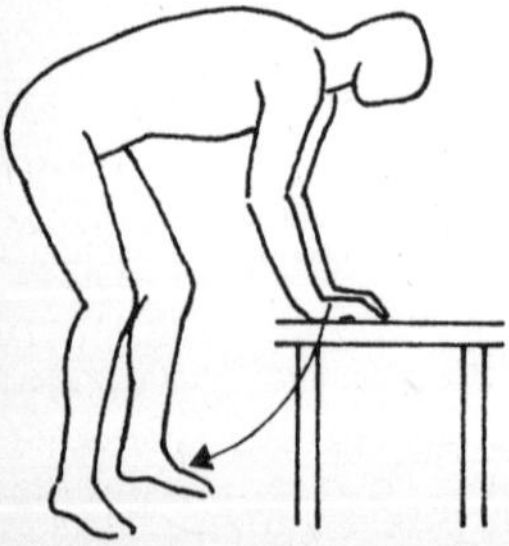

42. Beide Beine in leichter Grätschstellung hinter dem Hocker, beide Hände auf dem Hocker, im Wechsel die linke Hand auf die rechte und die rechte Hand auf die linke Fußspitze, Knie dabei durchgedrückt.
je 10 ×

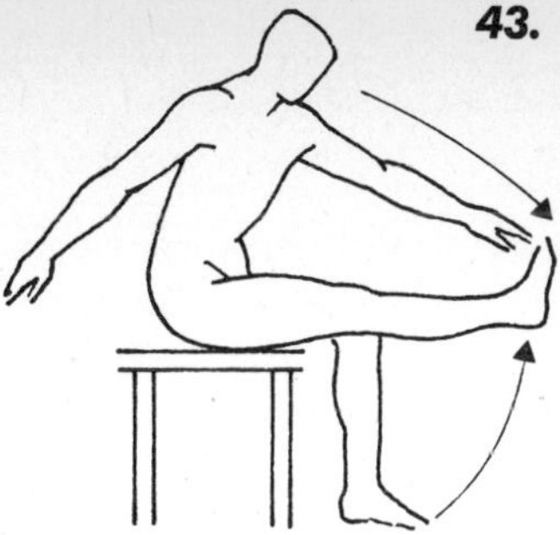

43. Im Sitzen das rechte Bein gestreckt nach vorne waagerecht heben, mit der linken Hand die Fußspitze berühren, das gleiche linkes Bein und rechte Hand.
je 5–10 ×

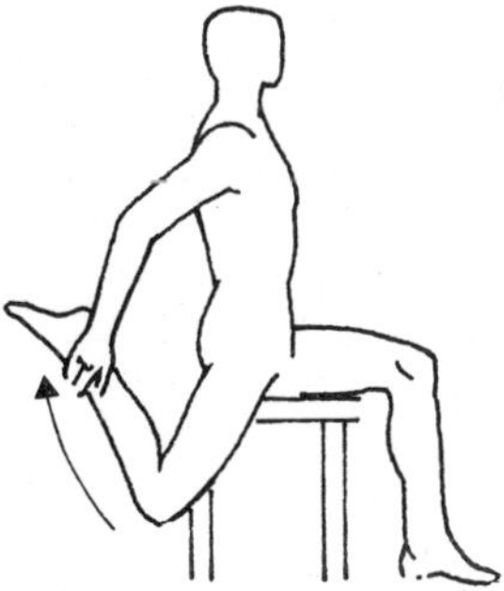

44. Den rechten Fuß seitlich nach hinten führen, mit der rechten Hand den rechten Fuß fassen und langsam nach hinten oben ziehen, das gleiche links.
je 5 ×

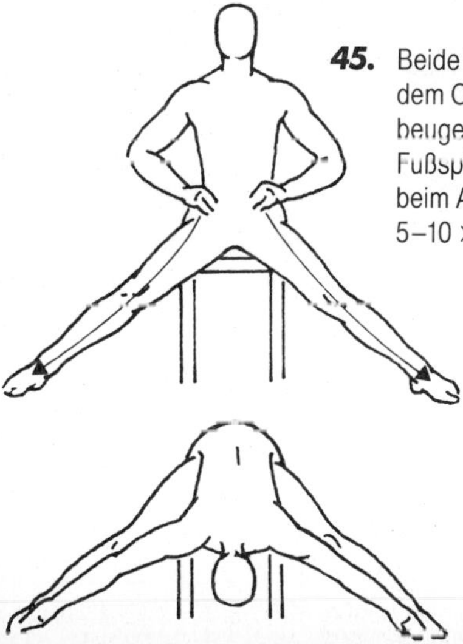

45. Beide Beine weit grätschen, mit dem Oberkörper nach vorne beugen und mit den Händen die Fußspitzen berühren, ausatmen, beim Aufrichten einatmen.
5–10 ×

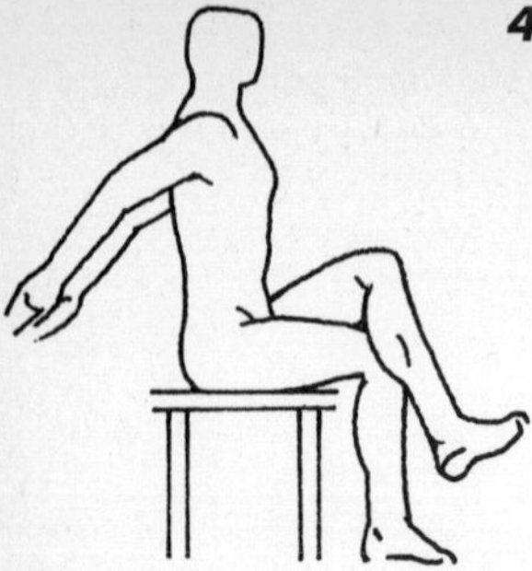

46. Abwechselnd ein Bein über das andere schlagen.
je 5–10 ×

47. Im Wechsel das rechte und linke Bein seitlich abspreizen.
je 5–10 ×

48. Das rechte Bein anziehen, dann im Wechsel nach vorne strecken und beugen, nicht absetzen und gleichmäßig atmen, das gleiche links.
je 5–10 ×

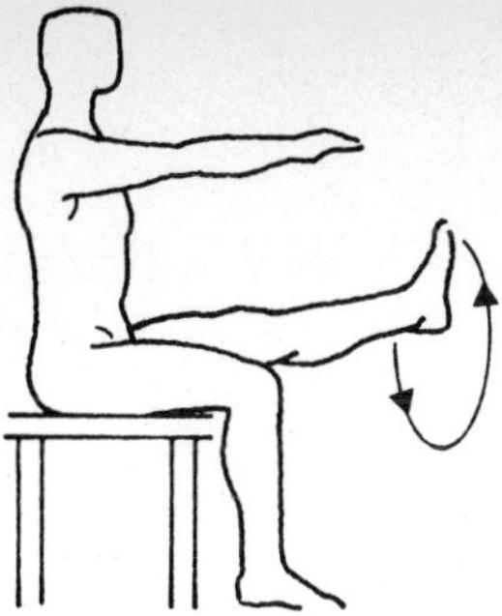

49. Ein Bein nach vorne strecken, im Wechsel rechts- und linksherum kreisen.
je 5–10 ×

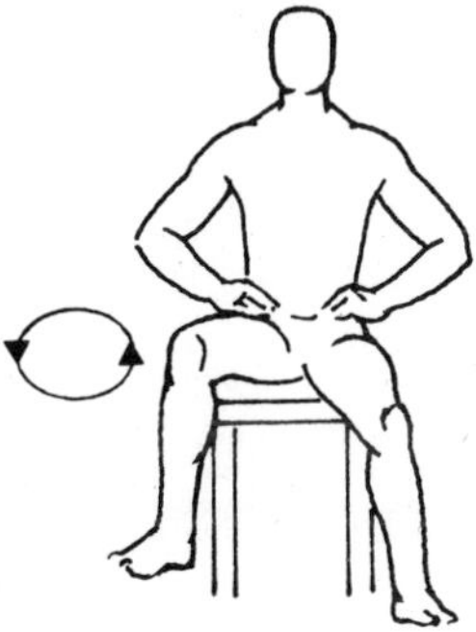

50. Ein Bein anwinkeln und im Hüftgelenk nach außen und innen kreisen.
je 5–10 ×

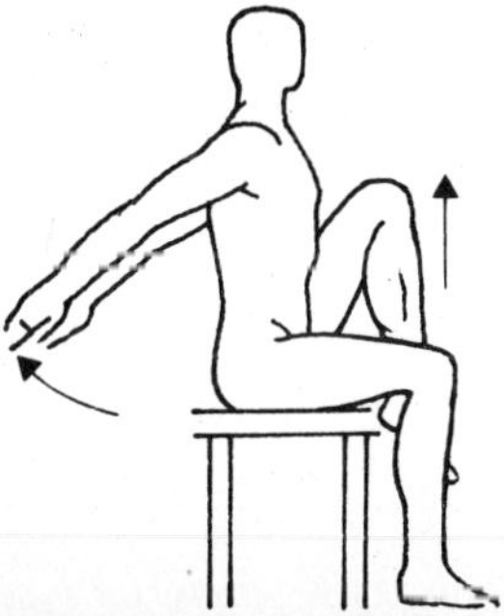

51. Im Wechsel das rechte und linke Knie nach vorne oben ziehen, gleichzeitig beide Arme nach unten hinten.
je 10 ×

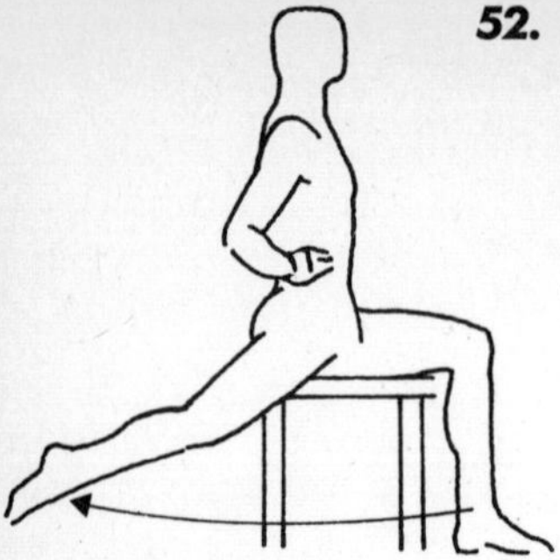

52. Das rechte Bein nach vorne strecken, im Halbkreis das Bein weit nach hinten führen und wieder zurück, das gleiche mit dem linken Bein.
je 5 ×

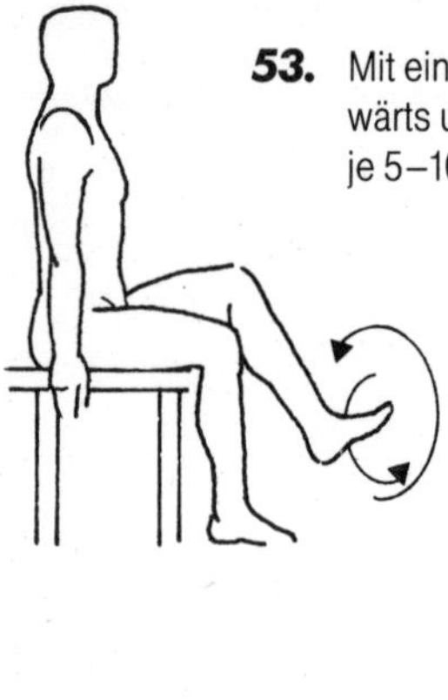

53. Mit einem Bein im Wechsel vorwärts und rückwärts Radfahren.
je 5–10 ×

54. Im Wechsel mit dem rechten und linken gestreckten Bein Achterkreisen.
je 5 ×

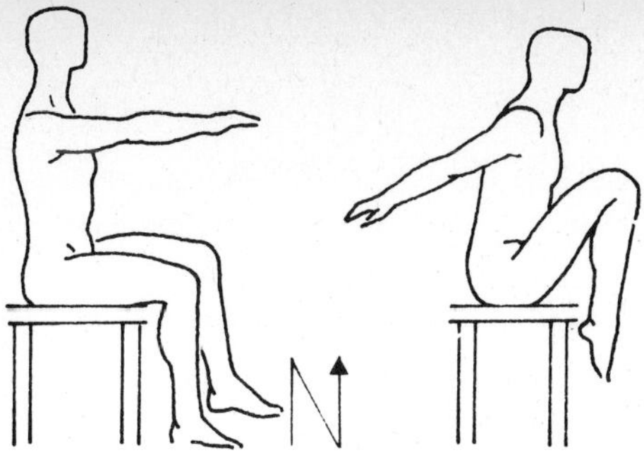

55. Mit beiden Beinen auf der Stelle hüpfen, bei jedem 5. Hupf beide Knie zur Brust hochziehen.
5 ×

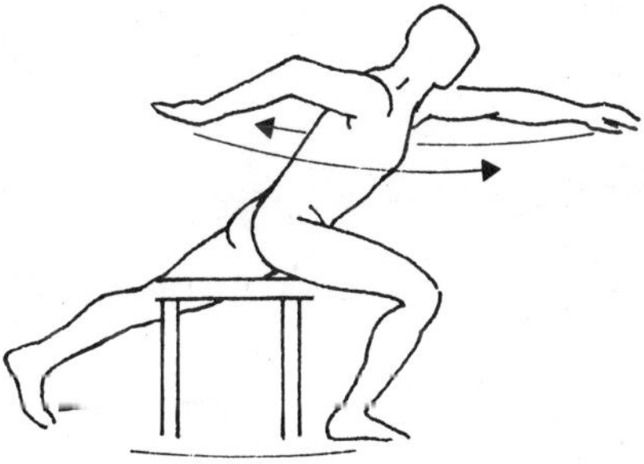

56. Rechtes Bein und linken Arm nach vorne gestreckt, linkes Bein und linken Arm gebeugt. Wechselsprünge, Arme diagonal mitschwingen.
10–15 ×

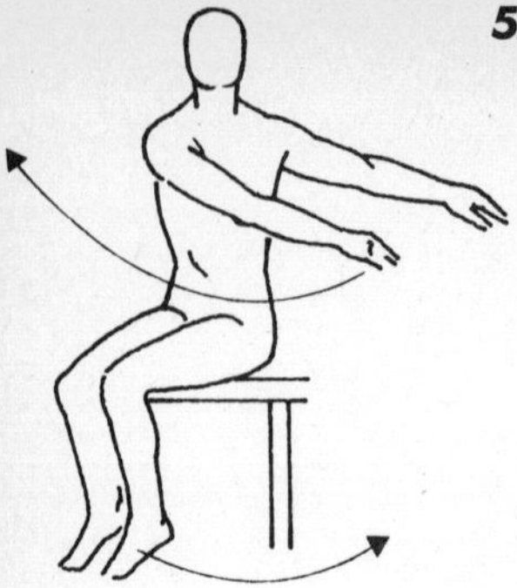

57. Beide Beine rechts seitlich, beide Arme links, gleichzeitig Beine und Arme zur anderen Seite und wieder zurück.
5–10 ×

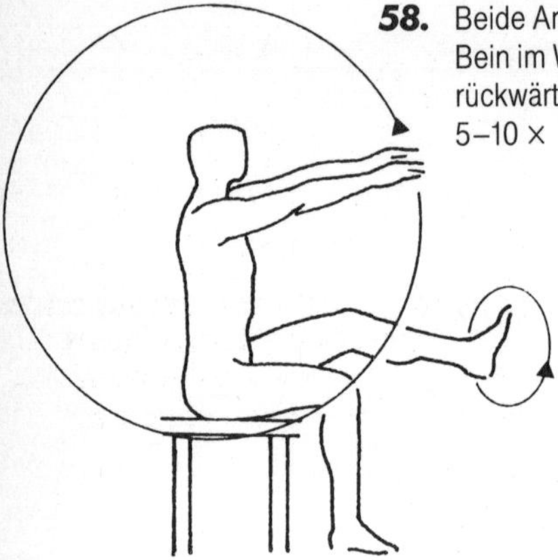

58. Beide Arme gleichzeitig und ein Bein im Wechsel vorwärts und rückwärts kreisen.
5–10 ×

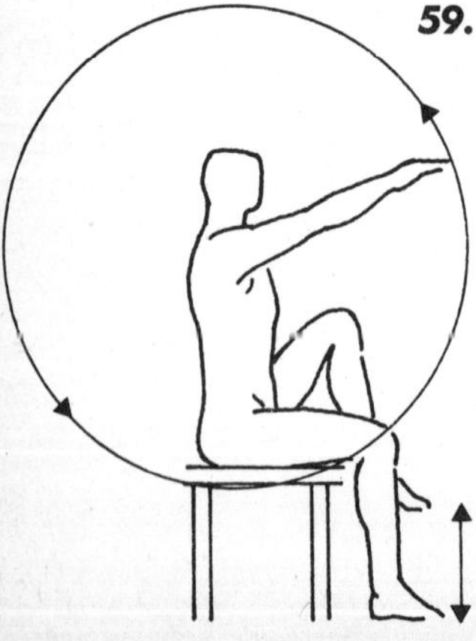

59. Beide Arme gleichzeitig rückwärts kreisen, beim Heben der Arme im Wechsel das rechte und linke Bein nach oben ziehen.
10–15 ×

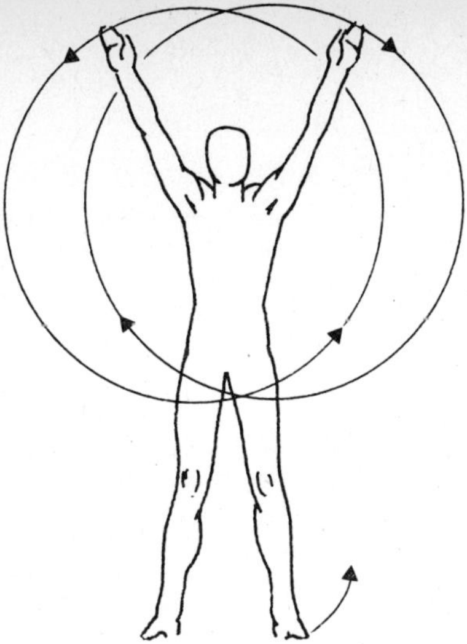

60. Im Stand beide Arme gegeneinander kreisen, beim Heben der Arme abwechselnd das rechte und linke Bein nach hinten strecken.
10 ×

Zusammenfassung

Das Basisprogramm besteht aus Aufwärmen, Lockerungs- und Dehnübungen, Kräftigungsübungen und Koordinationsübungen.

Übungsauswahl für eine Gymnastikstunde

Beispiel 1: P-Typ (Passiv-Sportler)
Aufwärmübungen Nr. 1–10.
Nrn. 11, 12, 13, 14, 15, 17, 18, 20, 21, 23, 25, 26, 28, 30, 31, 33, 35, 36, 37, 39, 43, 44, 45, 49, 50, 51, 56, 57, 58, 60.

4. Schritt
Aufbauprogramm für den A-Typ (Aktiv-Sportler)

4.1 Gymnastik

Aufwärmübungen: ca. 5–10 Min.

1. Laufen auf der Stelle, steigern bis zum lockeren Traben, beide Arme diagonal mitschwingen. 1–2 Min.

2. Beidbeiniges Hüpfen, zuerst auf der Stelle, danach vorwärts, rückwärts, seitwärts.
30–60 sec.

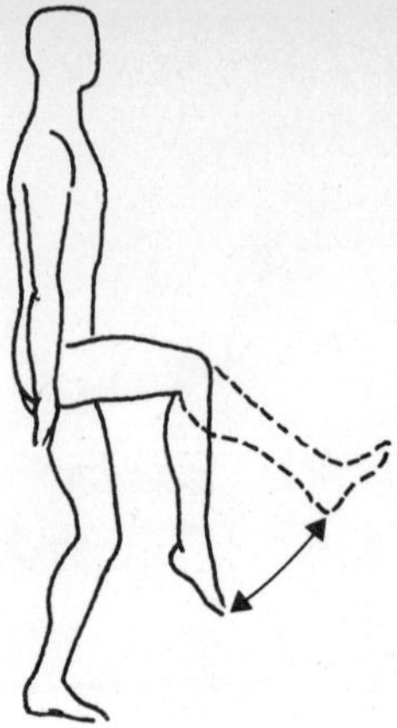

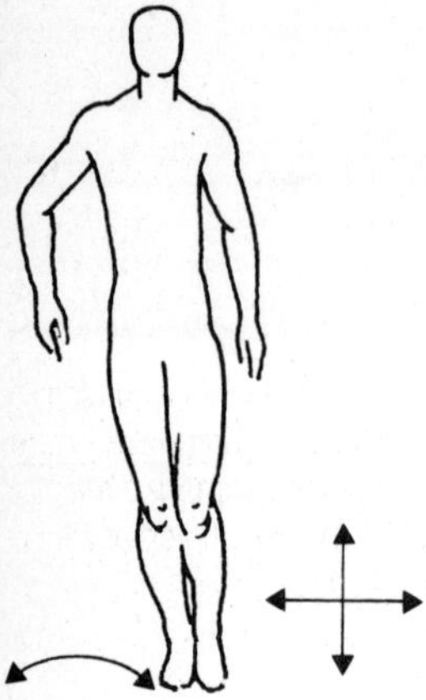

3. Im Wechsel auf dem linken und rechten Bein hüpfen, das andere Bein gleichzeitig locker ausschütteln.
je Bein 10–20 ×

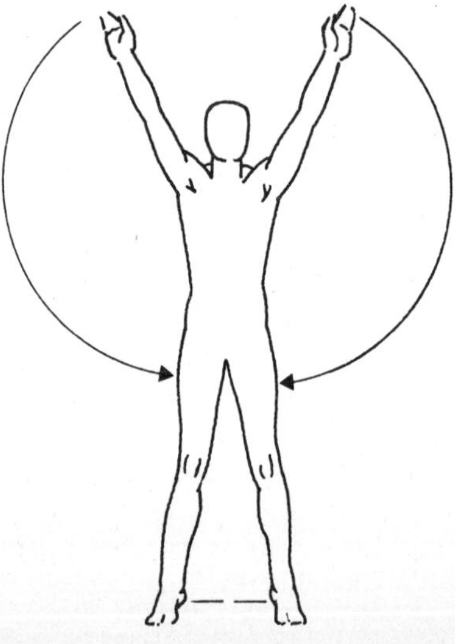

4. Hampelmann.
10–20 ×

5. Wechselsprünge diagonal, in den Kniegelenken weich mitfedern, beide Arme kräftig mitschwingen.
10–20 ×

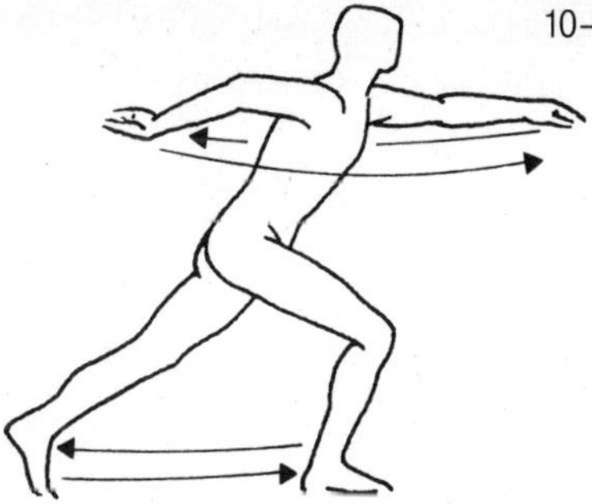

6. Beine lockern, tief ein- und ausatmen. Beim Einatmen die Arme heben, beim Ausatmen Oberkörper nach vorne fallenlassen, Arme überkreuzen.
ca. 5 ×

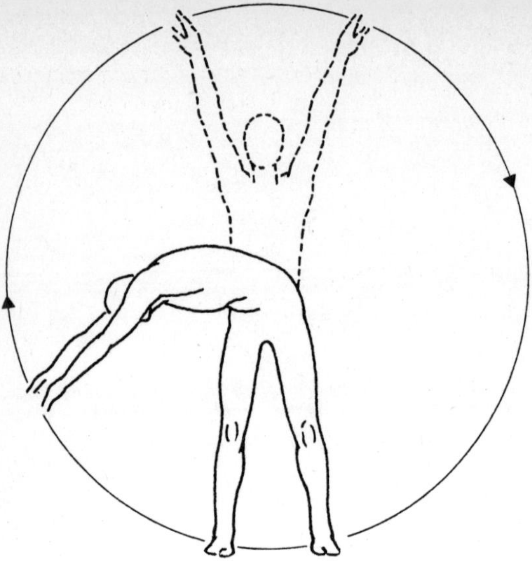

7. Rumpfkreisen rechts- und linksherum.
je 5–10 ×

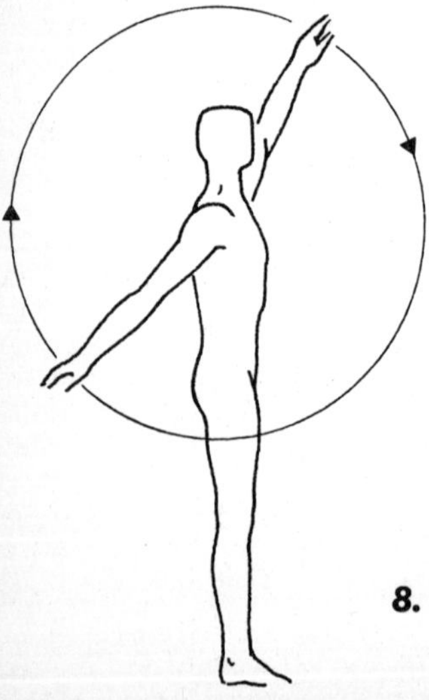

8. Windmühlenkreisen vor- und rückwärts.
je 10–20 ×

9. Beide Arme gleichzeitig vor- und zurückschwingen, bei jedem Schwung leicht in die Kniebeuge federn.
je 10 ×

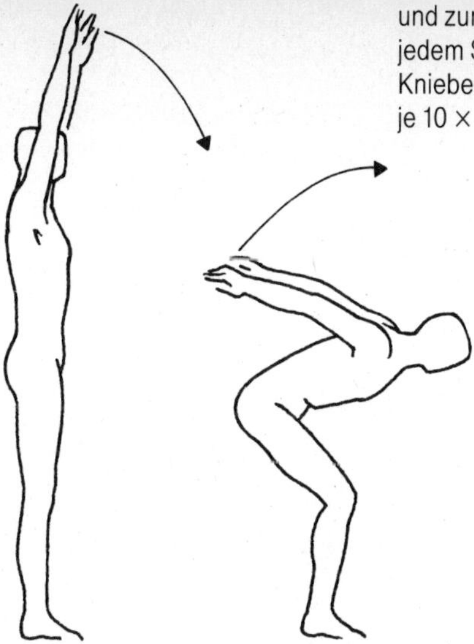

10. Beide Arme vor dem Körper pendeln, danach rechts- und linksherum kreisen, beim Armeheben gleichzeitig auf der Stelle hüpfen.
je 10–20 ×

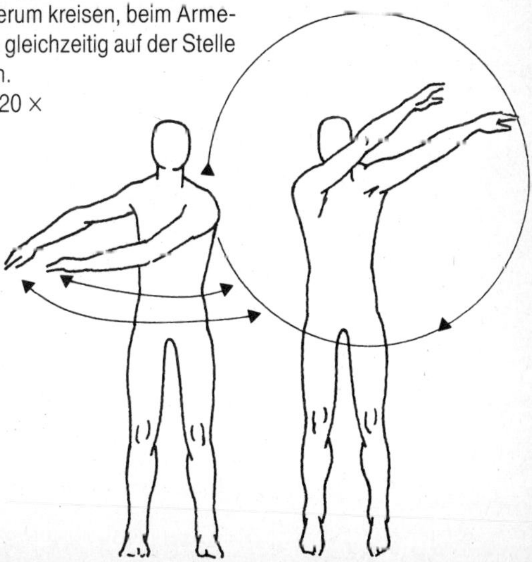

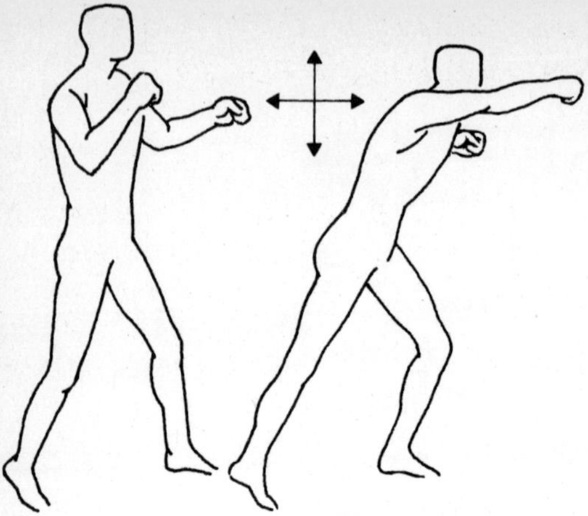

11. Auf der Stelle locker hüpfen, gleichzeitig mit beiden Armen nach allen Richtungen boxen, die Hände bleiben geöffnet. 20–30 sec.

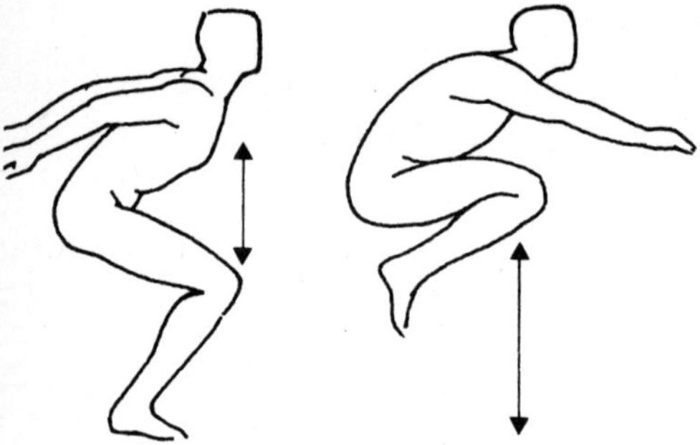

12. Mit beiden Beinen auf der Stelle hüpfen, bei jedem 5. Hupf kräftig nach oben springen und beide Knie zur Brust hochziehen.

● Danach beide Arme und Beine kräftig lockern und ausschütteln, anschließend ein paar Mal tief ein- und ausatmen.

4.1.1 Lockerungs-, Dehn- und Kräftigungsübungen

13. Den Kopf langsam leicht nach hinten und vorne beugen.
je 5 ×

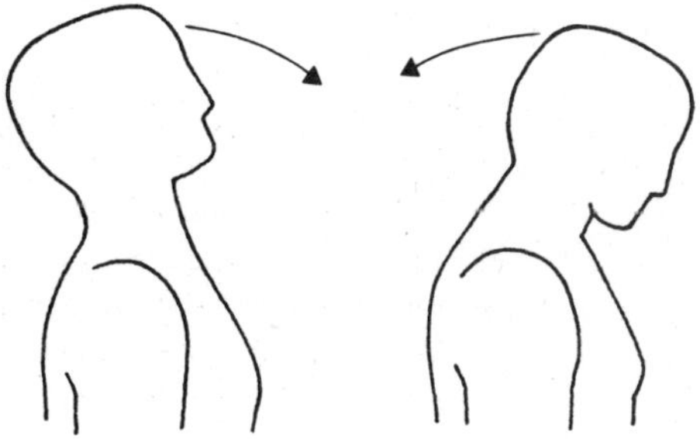

14. Den Kopf nach rechts und links seitlich beugen.
je 5 ×

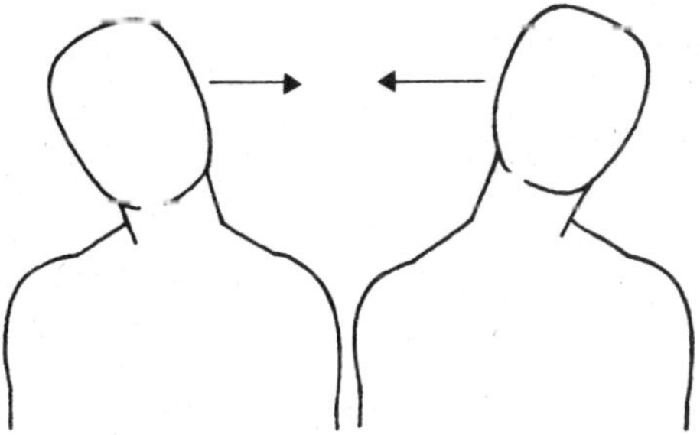

15. Den Kopf drehen, dabei über eine Schulter nach hinten schauen.
je 5 ×

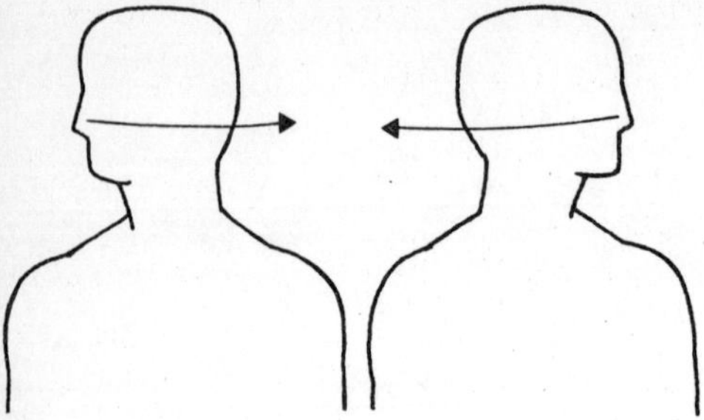

16. Den Kopf seitlich neigen, dann mit dem Kinn über die Brust zur anderen Seite rollen und wieder zurück.
je 5 ×

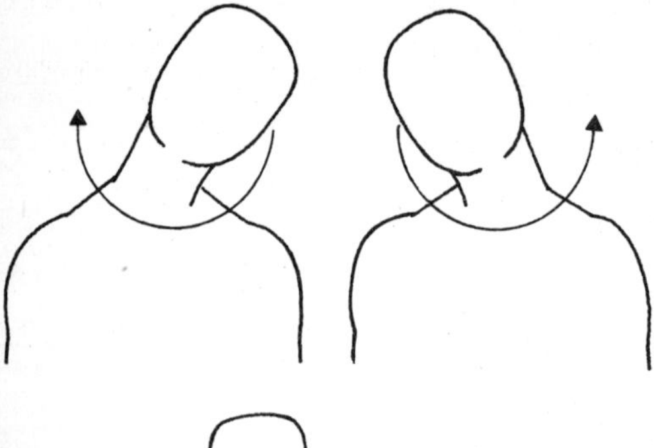

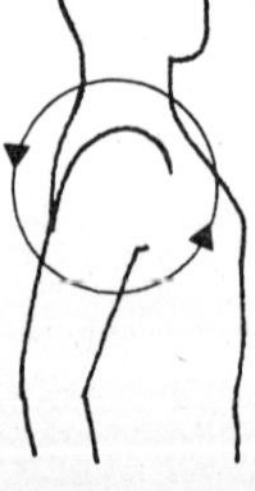

17. Schulterkreisen vor- und rückwärts.
je 10 ×

18. Ellbogenkreisen vor- und rückwärts.
je 10 ×

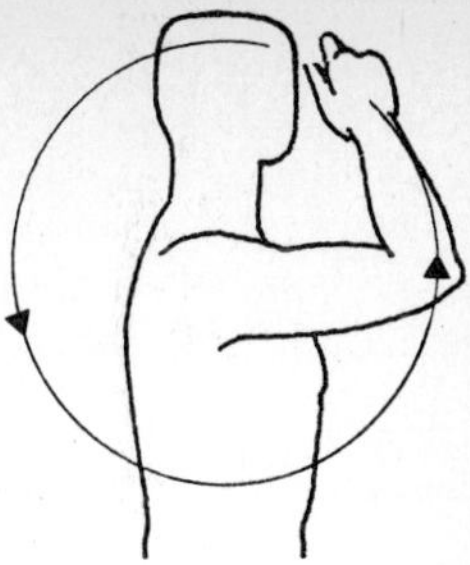

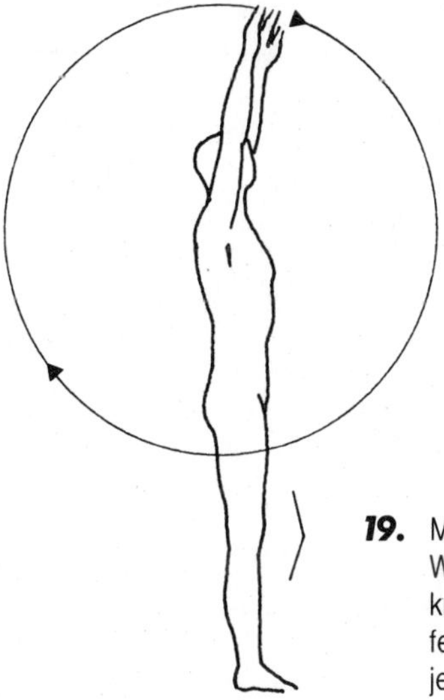

19. Mit beiden Armen gleichzeitig im Wechsel vor- und rückwärts kreisen, in den Knien dabei mitfedern.
je 10–20 ×

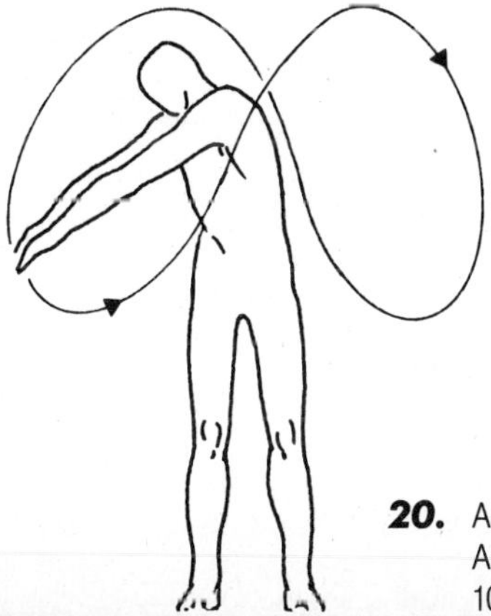

20. Achterkreisen mit beiden Armen.
10–15 ×

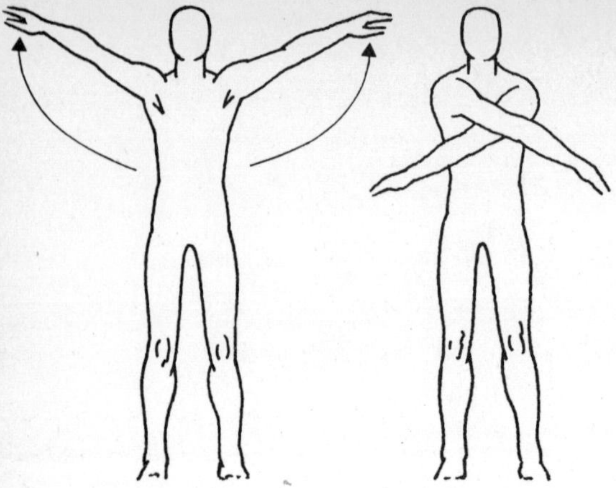

21. Beide Arme nach hinten oben ziehen, einatmen, dann beide Arme vor der Brust überkreuzen und ausatmen.
5–10 ×

22. Ca. 1 m vor einer Wand stehen. Beine leicht gegrätscht, dann den Rumpf nach vorne fallenlassen und vor der Wand mit den Armen abfangen, danach kräftig wieder zurückstoßen.
10–20 ×

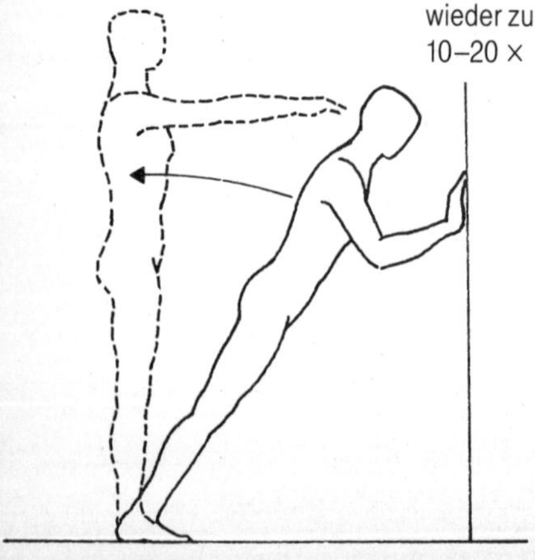

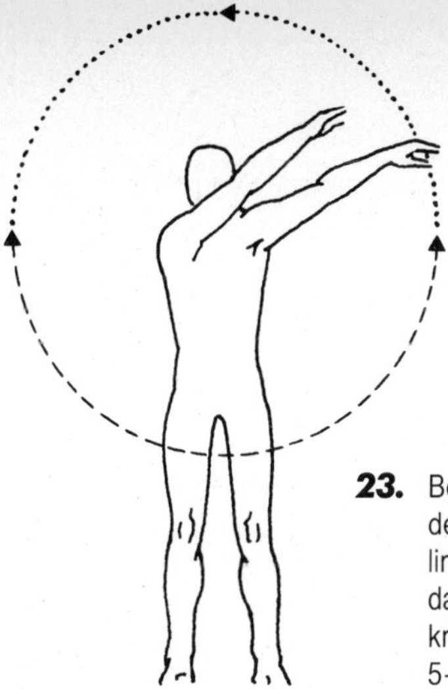

23. Beine leicht gegrätscht, mit beiden Armen vor dem Körper nach links und rechts pendeln, danach rechts- und linksherum kreisen.
5–10 ×

24. Beine gegrätscht, den Rumpf nach vorne fallenlassen, leicht nachfedern und wieder aufrichten.
5–10 ×

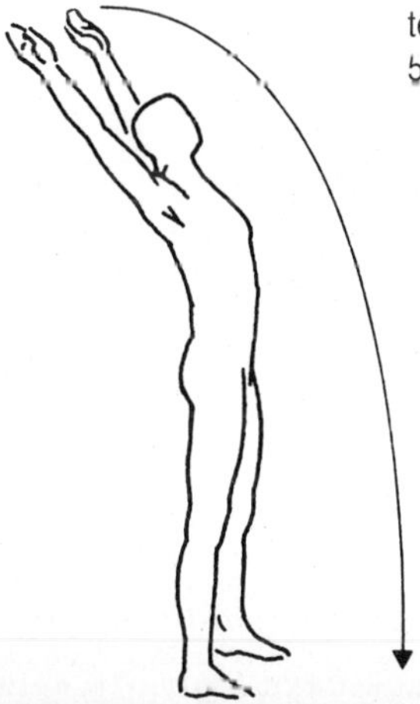

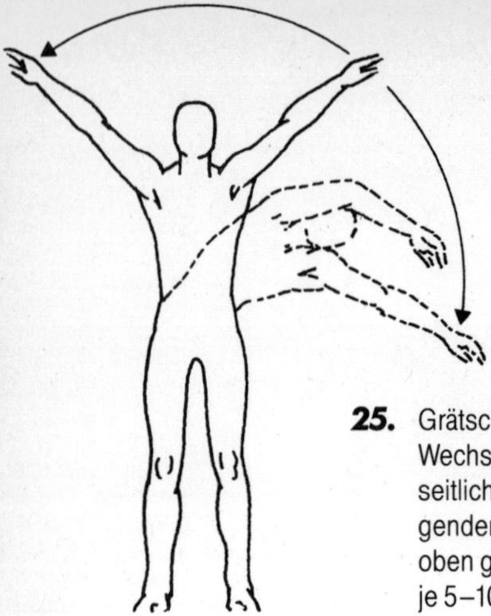

25. Grätschstellung, den Rumpf im Wechsel nach rechts und links seitlich beugen, zuerst mit hängenden Armen, dann mit nach oben gestreckten Armen.
je 5–10 ×

26. Den Rumpf nach rechts und links hinten drehen, beide Arme locker mitschwingen.
je 5–10 ×

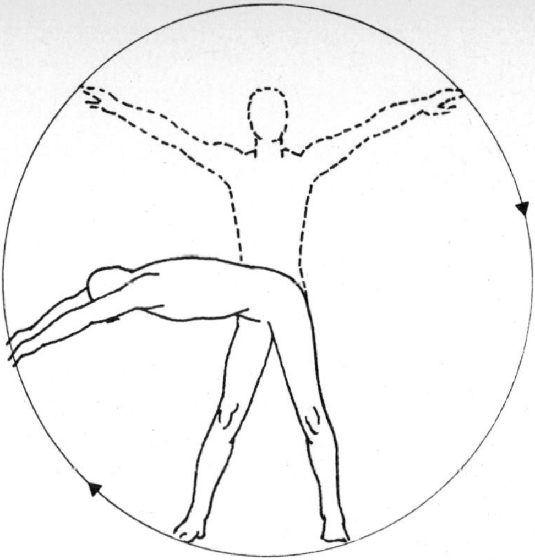

27. Rumpfkreisen rechts- und linksherum, zuerst ohne, dann mit beiden Armen über dem Kopf.
10 ×

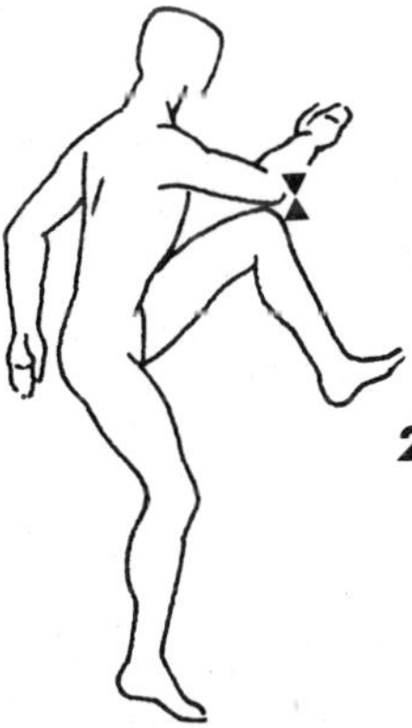

28. Das rechte Knie vorne hochziehen und mit dem linken Ellbogen berühren, das Gleiche linkes Knie und rechter Ellbogen.
je 10 ×

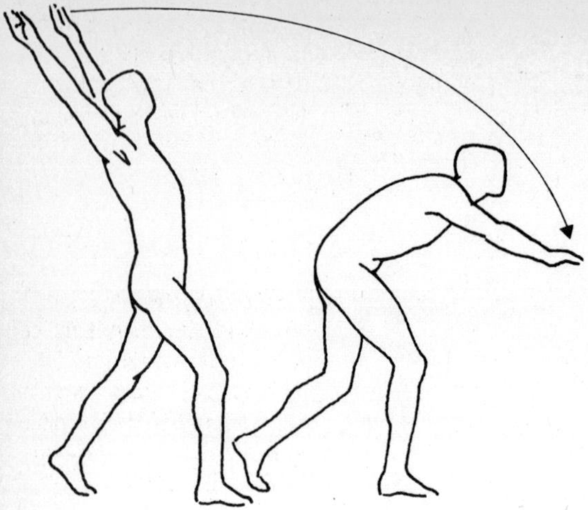

29. Schrittstellung, beide Arme nach oben, langsam nach hinten beugen, einatmen, dann ruckhaftes Vorbeugen und ausatmen. (Einwurf beim Fußball)
5–10 ×

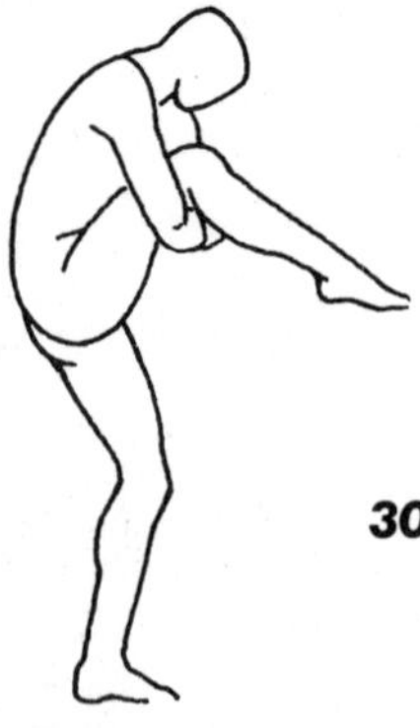

30. Im Wechsel unter dem rechten und linken Knie in die Hände klatschen.
je 10 ×

31. Mit der Stirn im Wechsel das rechte und linke angezogene Knie berühren, gleichzeitig beide Arme nach hinten oben. je 10 ×

32. Weite Grätschstellung, Rumpf vorbeugen, im Wechsel mit der linken Hand den rechten Fuß, mit der rechten Hand den linken Fuß berühren, die freie Hand nach hinten oben schwingen. 10–20 ×

33. Grätschstellung, den Rumpf im Wechsel nach rechts und links drehen, dabei versuchen, mit der rechten Hand die rechte Ferse, mit der linken Hand die linke Ferse zu berühren, die Knie dabei leicht gebeugt. 5–10 ×

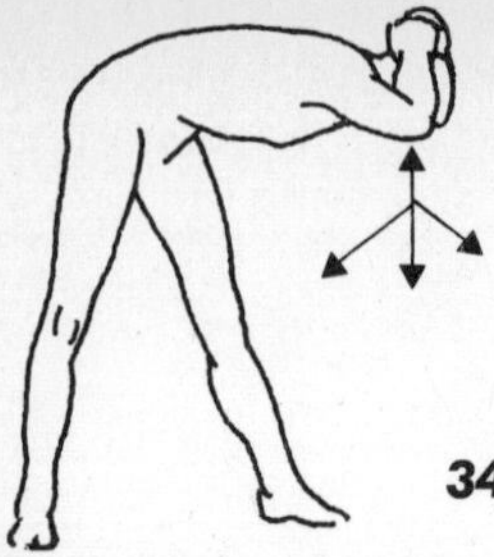

34. Rumpf nach vorne beugen, Beine gegrätscht, Hände im Nacken verschränkt, mit dem Rumpf auf und ab wippen, dabei nach links und rechts seitlich beugen.
5 ×

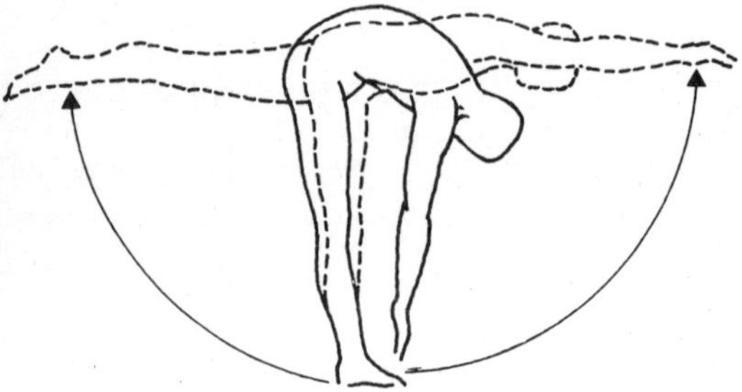

35. Den Rumpf vorbeugen, Arme hängen nach unten, den Rumpf und beide Arme nach vorne oben heben, gleichzeitig ein Bein nach hinten strecken, danach wieder locker fallenlassen. Beim Strecken einatmen, beim Fallenlassen ausatmen.
5–10 ×

36. Das linke Bein einen halben Schritt nach hinten, beide Arme nach rechts oben, einatmen, das linke Bein nach vorne rechts oben schwingen, beide Arme nach links unten, ausatmen, das Gleiche mit dem rechten Bein.
je 5–10 ×

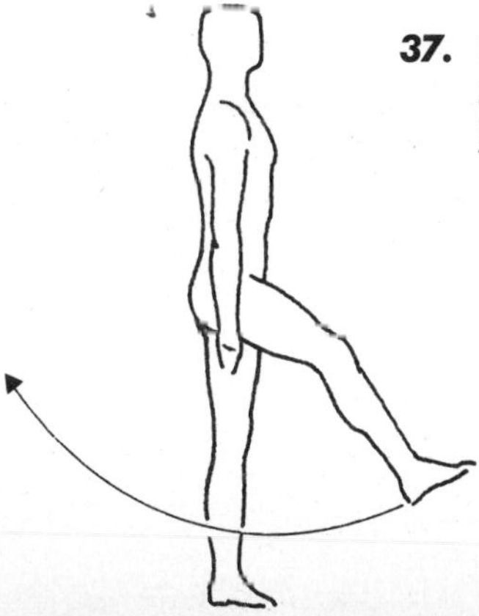

37. Mit einem Bein locker vor und zurück schwingen.
je 10–20 ×

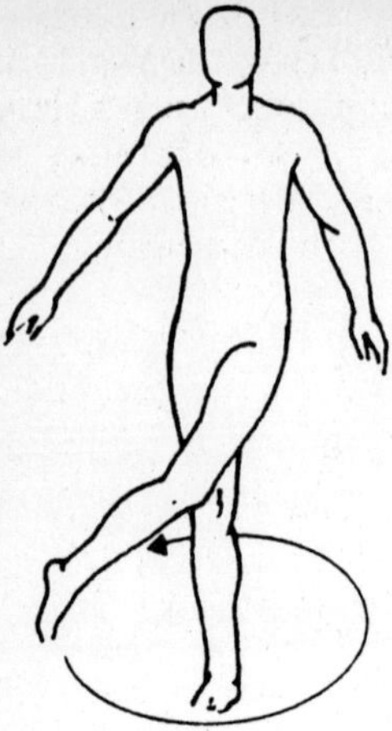

38. Mit dem rechten Bein um das linke vor und zurück schwingen, das gleiche mit dem linken Bein um das rechte.
je 10 ×

39. Im Wechsel das rechte und linke Knie zur Brust hochziehen.
je 10 ×

40. Das rechte Bein nach vorne oben strecken, mit der linken Hand die rechte Fußspitze berühren, das gleiche mit dem linken Bein und rechter Hand.
je 10 ×

41. Beine grätschen, Arme nach oben strecken, einatmen, dann den Rumpf nach vorne beugen und mit beiden Händen zwischen den Beinen weit nach hinten greifen, ausatmen.
5–10 ×

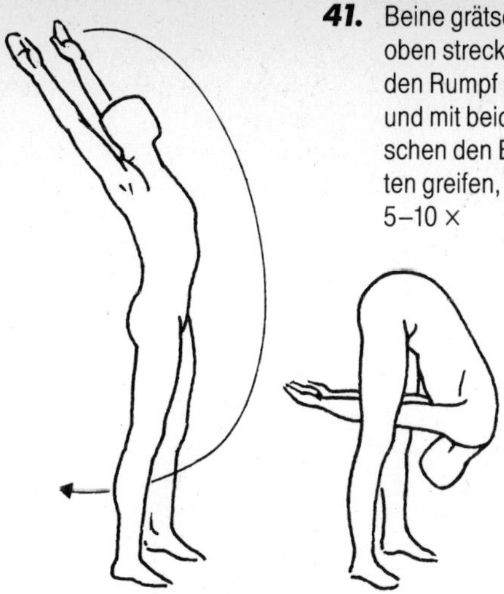

42. Kniebeuge, mit den Fingerspitzen dicht vor den Fußspitzen den Boden berühren, dann langsam die Knie strecken und wieder beugen, Finger bleiben immer am Boden.
5–10 ×

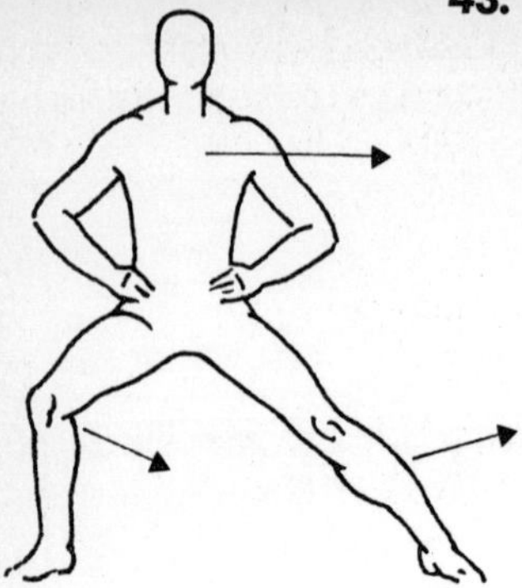

43. Grätschstellung, das Körpergewicht abwechselnd auf das linke und rechte Bein verlagern.
je 10 ×

44. Den rechten Unterschenkel nach hinten anziehen, mit der rechten Hand den rechten Fuß fassen und langsam nach oben ziehen. Das gleiche links.
je 5 ×

45. Schrittstellung, mit dem senkrecht gehaltenen Rumpf nach vorne wippen, dabei das vordere Bein beugen, das hintere strekken.
je 5–10 ×

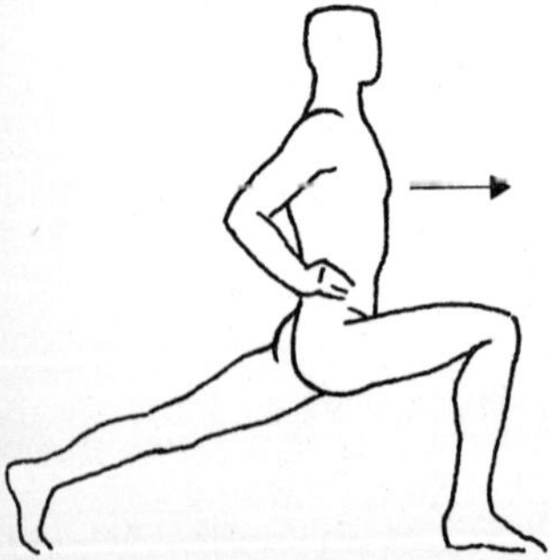

46. Im Wechsel das linke und rechte Bein seitlich abspreizen, beide Arme in die entgegensetzte Richtung schwingen.
je 10 ×

47. Mit weit gegrätschten Beinen den Rumpf vorbeugen,
a) mit beiden Händen die Fußspitzen berühren,
b) Arme verschränken, versuchen mit den Ellbogen den Boden zu berühren.
je 5–10 ×

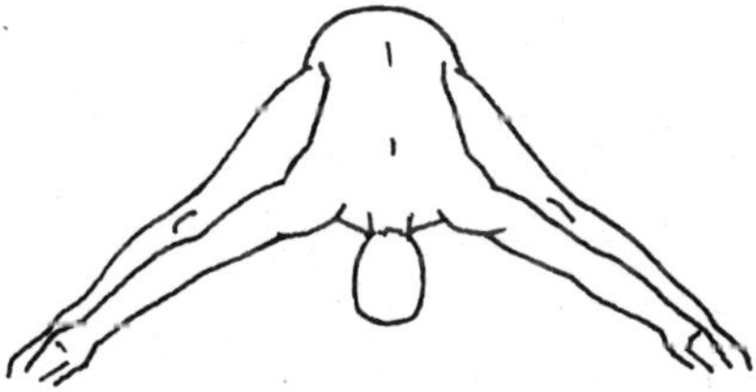

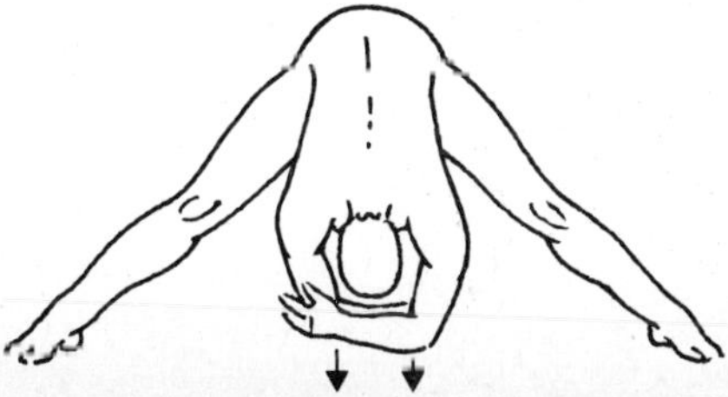

48. Körpergewicht auf ein Bein verlagern, mit dem anderen Bein seitlich vorwärts und rückwärts kreisen.
je 10 ×

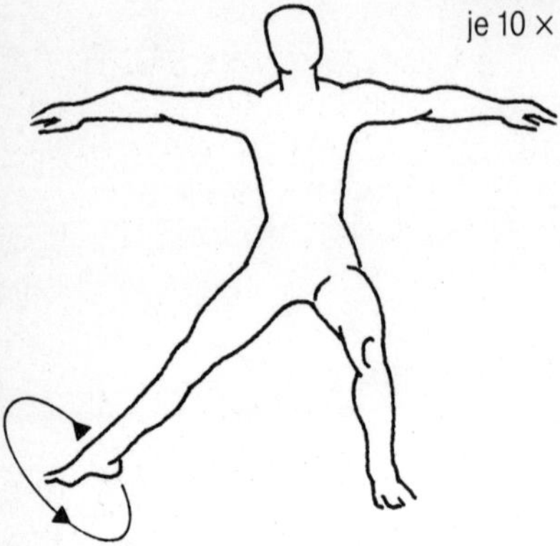

49. Der Körper fällt, ohne in den Hüften einzuknicken, entspannt nach vorne und wird durch das Vorstellen eines Beines tief unten aufgefangen, leicht nachfedern, beim Fallenlassen ausatmen, beim Aufrichten einatmen.
5–10 ×

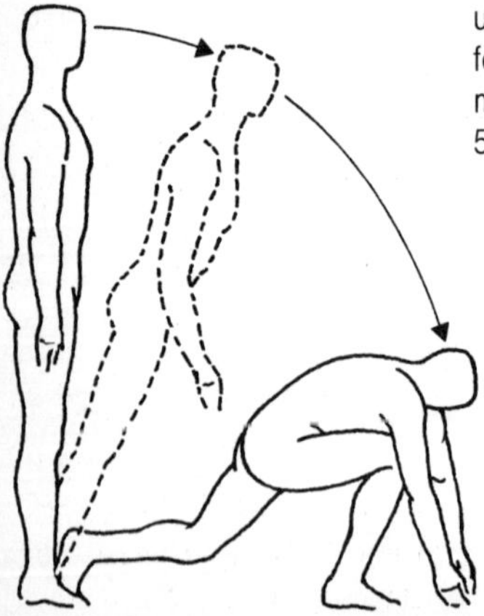

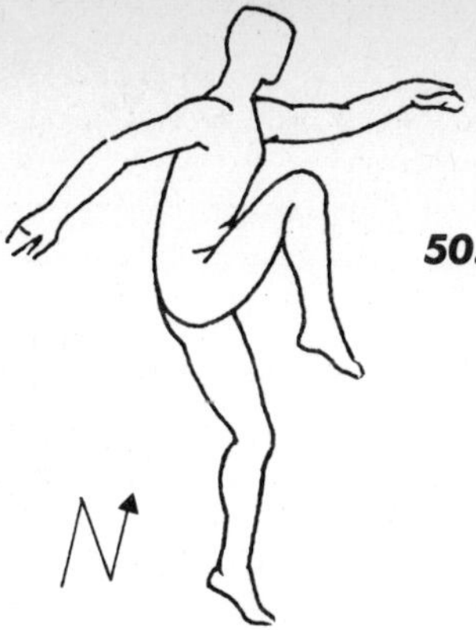

50. Auf einem Bein hüpfen, bei jedem 5. Hupf das andere Bein zur Brust hochziehen und möglichst hoch hüpfen.
20–30 ×

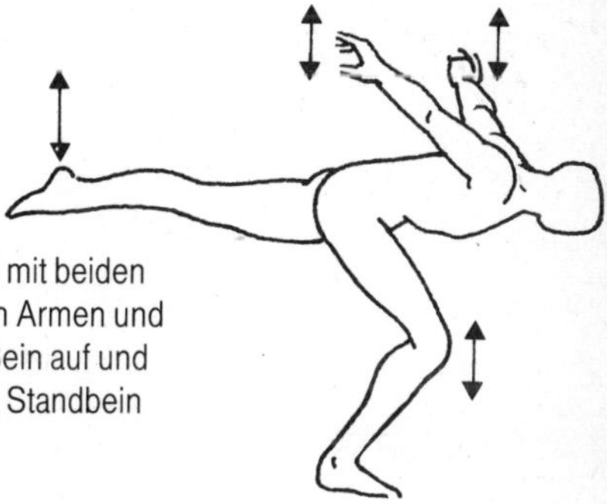

51. In der Standwaage mit beiden seitlich gestreckten Armen und dem gestreckten Bein auf und ab federn, mit dem Standbein leicht mitfedern.
je 10 ×

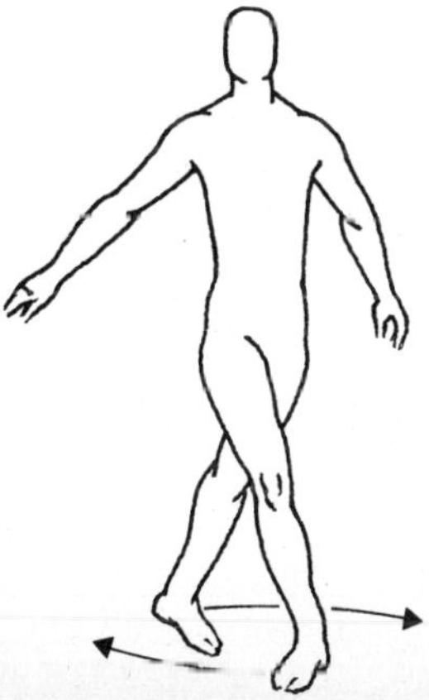

52. Hüpfen in die Grätsche, dann Beine überkreuzen und wieder zurück, links vor rechts und umgekehrt, Tempo langsam steigern.
10–20 ×

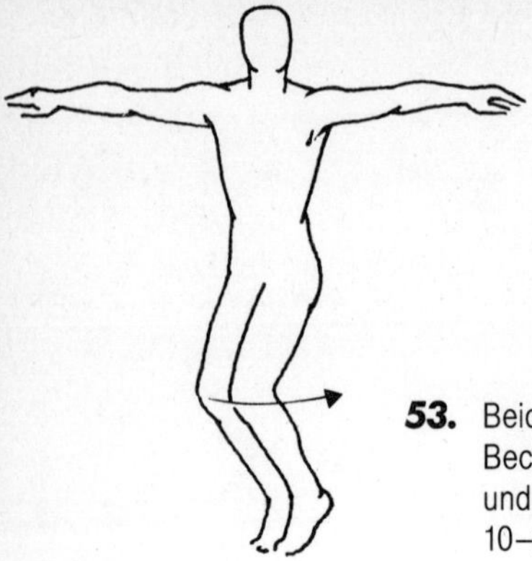

53. Beidbeinig auf der Stelle hüpfen, Becken im Wechsel nach links und rechts drehen.
10–20 ×

54. Ein paarmal auf der Stelle hüpfen, dann kräftig nach oben springen, ein Bein nach vorne, das andere nach hinten spreizen (Schrittsprünge)
5–10×

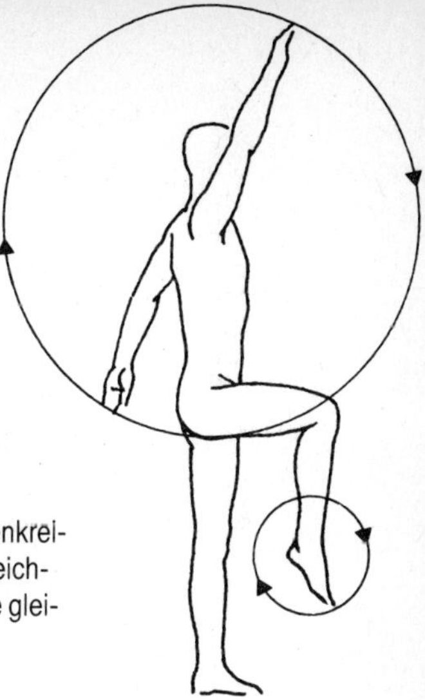

55. Mit den Armen Windmühlenkreisen vor- und rückwärts, gleichzeitig mit einem Bein in die gleiche Richtung radeln.
je 10 ×

56. Beide Arme gleichzeitig vorwärts kreisen, mit den Fingerspitzen dicht über dem Boden nach hinten, beim Aufrichten ein Bein nach hinten strecken, beugen = ausatmen, strecken = einatmen.
10 ×

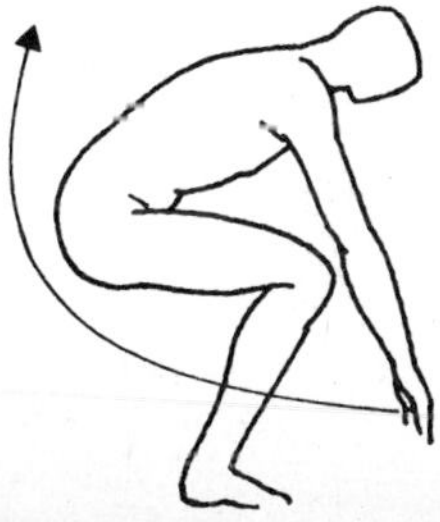

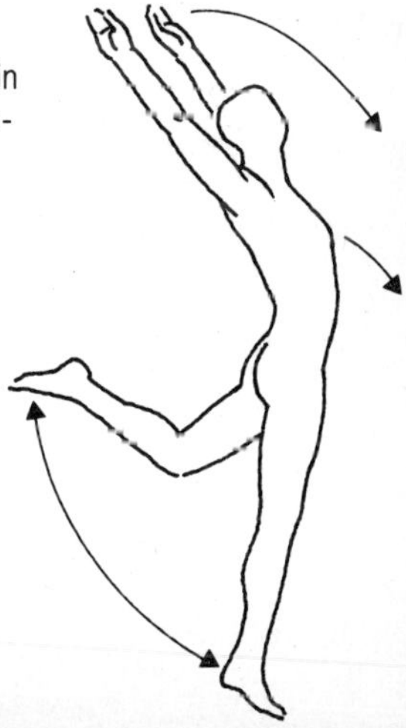

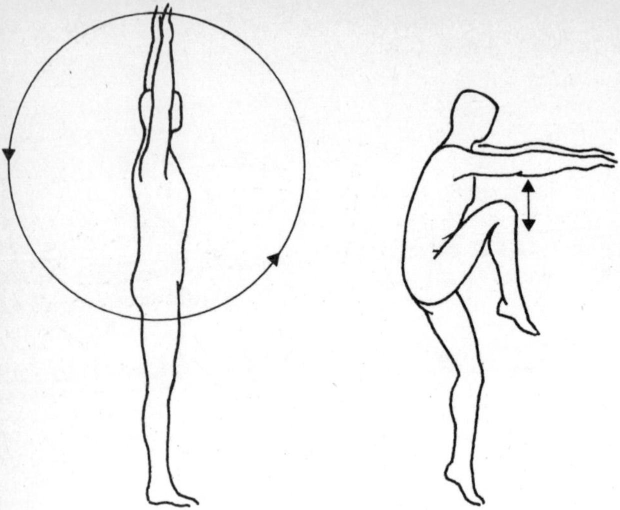

57. Mit beiden Armen gleichzeitig rückwärts kreisen, beim Heben der Arme gleichzeitig ein Knie vorne hochziehen.
10 ×

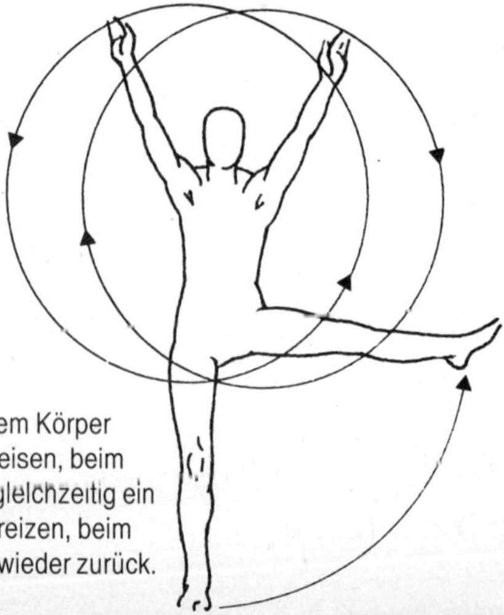

58. Beide Arme vor dem Körper gegeneinander kreisen, beim Heben der Arme gleichzeitig ein Bein seitlich abspreizen, beim Senken das Bein wieder zurück.
je 10 ×

59. Windmühlenkreisen vorwärts, gleichzeitig im Wechsel das rechte und linke gestreckte Bein heben, dabei mit der rechten Hand die linke, mit der linken Hand die rechte Fußspitze berühren.
je 10 ×

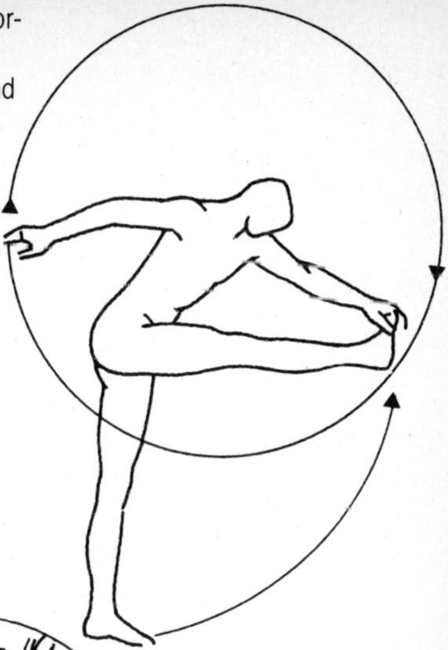

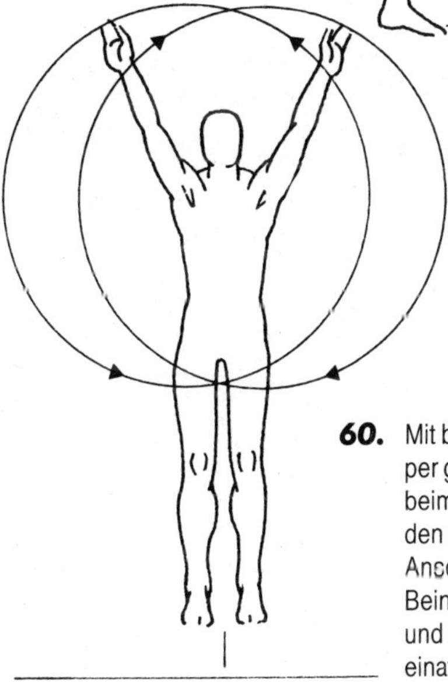

60. Mit beiden Armen vor dem Körper gegeneinander kreisen, beim Heben der Arme mit beiden Beinen nach oben hüpfen. Anschließend beide Arme und Beine kräftig lockern, tief ein- und ausatmen,
einatmen – Arme nach oben heben,
ausatmen – Rumpf nach vorne fallenlassen.
10–15 ×

Übungsauswahl für eine Gymnastikstunde

Beispiel 2: A-Typ (Aktiv-Sportler)
Aufwärmübungen Nr. 1–10.
Nrn. 13, 14, 16, 17, 19, 21, 22, 23, 25, 26, 27, 28, 30, 31, 32, 34, 35, 37, 38, 40, 42, 43, 44, 47, 48, 50, 52, 56, 58, 60.

● Nach den Gymnastikübungen die Arme und Beine kräftig lockern und ausschütteln, anschließend ein paarmal tief ein- und ausatmen.

4.2 Lauftraining

Ausdauersportarten sind gesundheitlich wertvoll. Laufen ist im wörtlichen Sinn eine weltweite Bewegung. Der Mensch ist programmiert, zu laufen.

● Ausgleichssport in Wegleistungsdisziplinen (Laufen, Radfahren, Wandern, Schwimmen) führt niemals zu Schäden, wenn die Voraussetzungen des jeweiligen »Fahrgestells« berücksichtigt werden. Man muß also zunächst seine Gelenke und seine Haltung überprüfen.

● Überprüfung von Füßen, Beinen und Wirbelsäule.
Wenn Sie auch viele Fragen aus Ihrer Erfahrung beantworten können, empfiehlt es sich doch, daß sie sich vollständig entkleidet vor den Spiegel stellen und die im entspannten Zustand eingenommene Haltung von Kopf bis Fuß durchmustern.

4.2.1 Gelenk- und Haltungsprüfung

ankreuzen x	Keine Abweichung	Leichte Abweichung	Starke Abweichung
Füße	☐	☐	☐

Plattfüße
(das Fußlängsgewölbe sollte nicht ganz auf dem Boden aufliegen. Ein Fußabdruck mit feuchtem Fuß auf Steinboden zeigt die Unterschiede.)
Senk-/Knickfuß?
ja ☐ nein ☐

Beine
O-Beine? ja ☐ nein ☐
X-Beine? ja ☐ nein ☐
(wegen der Beckenform besonders häufig bei Frauen.)

Becken	☐	☐	☐

Beckenschiefstand?
ja ☐ nein ☐
(Fällt beim Kleiderkauf manchmal auf oder beim Schneider.)

Wirbelsäule	☐	☐	☐

Wirbelsäulenverbiegungen?
ja ☐ nein ☐
(Beugen Sie den Rumpf nach vorn, Arme nach unten hängen lassen – wie Übung 35 des Aufbauprogrammes –. Eine Hilfsperson muß schauen, ob die unter der Haut sich abbildenden Dornfortsätze alle in einer Linie liegen. Verdeutlichung: Anmalen der Dornfortsätze mit einem Filzstift.)

Schultern ☐ ☐ ☐

Schulterhochstand?

ja ☐ nein ☐

(wird beim Anprobieren von Jacken deutlich.)

Einseitig hängende Schulter?

ja ☐ nein ☐

● **Auswertung der Gelenks- und Haltungsprüfung**

Wenn keine oder nur mittelgradige Abweichungen bestehen und Sie nicht über die Anfälligkeit von Gelenkbeschwerden (besonders Sprunggelenk, Knie- und Hüftgelenk sowie Kreuz) klagen, können Sie mit dem Lauftraining beginnen. Bei stärkeren Abweichungen und bei häufigeren Gelenkbeschwerden sollten Sie den Arzt fragen. Sportärzte sind mit diesen Fragestellungen besonders vertraut.

● Wenn nach der Gelenk- und Haltungsprüfung keine schweren Abweichungen oder häufigen Beschwerden verzeichnet wurden, kann jeder, der gesund ist, mit dem Laufen beginnen. Es gibt 9jährige und einen 95jährigen, die ohne Schwierigkeiten eine Marathonstrecke laufen können. Der 95jährige Grieche Joranides benötigte für die 42 km 6 Stunden 30 Minuten.

Übergewichtige lieber Radfahren!

● Übergewichtige Vorsicht!

Beim Laufen fällt das Gewicht ins Gewicht. Für stark Übergewichtige ist ein Lauftraining nicht ratsam. Zu häufig treten Beschwerden an Gelenken, Sehnen und Bändern auf. Für Übergewichtige sind Fahrradfahren und Schwimmen geeignet. Diesen Ausdauersportarten sollte auch bei orthopädischen Fehlstellungen der Vorzug gegeben werden.

Frauen sind auf lange Strecken besonders gut

● Frauen können genausogut wie Männer Ausdauertraining aufnehmen. Der weibliche Organismus ist für sehr lange Strecken besonders gut geeignet. Da Hausarbeit intensive Muskelarbeit nicht mehr nötig macht, muß auch für Hausfrauen Ausgleichssport empfohlen werden. Früher wurden durch Anstrengung wie Waschen mit der Hand und Einkaufenfahren mit dem Fahrrad ausreichende Bewegungsreize gesetzt.

* Auch manche Menschen mit Herz-Kreislaufbeschwerden, ja sogar nach einer Herzoperation oder nach einem Herzinfarkt können wieder einen lockeren Dauerlauf durchführen. Sie müssen aber vorher ärztlich untersucht werden. Das Trainingsprogramm ist mit dem Arzt abzustimmen. Für manche Menschen mit Fettstoffwechselstörungen und Diabetes kann Laufen sogar Therapie bedeuten.

4.2.2 Welche Laufausrüstung ist notwendig?

Guter Laufschuh ist wichtig

Der Laufschuh muß mit großer Sorgfalt ausgewählt werden! Besonders Anfänger verfallen leicht dem Fehler, »ersteinmal« mit Tennisschuhen, Turnschuhen oder Billigschuhen aus einem Sonderangebot zu beginnen. Das führt innerhalb kürzester Zeit zu hartnäckigen Beschwerden an den Gelenken, Sehnen und Bändern. Gerade der Laufanfänger braucht den besten Schuh. (Siehe Schritt 8: Wie bin ich optimal ausgerüstet?)

- Wo soll man laufen?

Das Gelände sollte sich nach dem Trainingszustand richten

Der Boden soll eben sein. Um die anfänglich erhöhte Gefahr des Umknickens und Strauchelns zu vermindern, ist sogar ein harter Asphaltbelag dem weichen Waldboden vorzuziehen. Mit zunehmendem Training nimmt die Verletzungsgefahr ab. Dann sind abwechslungsreiche Feld- und Waldwege zu wählen, auch wenn man dafür einige Kilometer mit dem Auto fahren muß.
Der Lauf auf der Stelle ist ein Notbehelf für Reisende. Eine zusammengefaltete Decke, ein Kissen, ein Matratzenteil helfen, den Zimmerboden weicher zu machen, außerdem wird der Hotelgast im Zimmer darunter nicht gestört.

- Wann soll man laufen? Früh oder abends?

Entscheidend ist, *daß* gelaufen wird. Die Tageszeit richtet sich jeder nach seiner persönlichen Voraussetzung ein. Wer über die Zeit frei verfügt, der wähle den Abend.

- Wie oft soll man laufen?

Mindestens zweimal wöchentlich ½ Stunde.

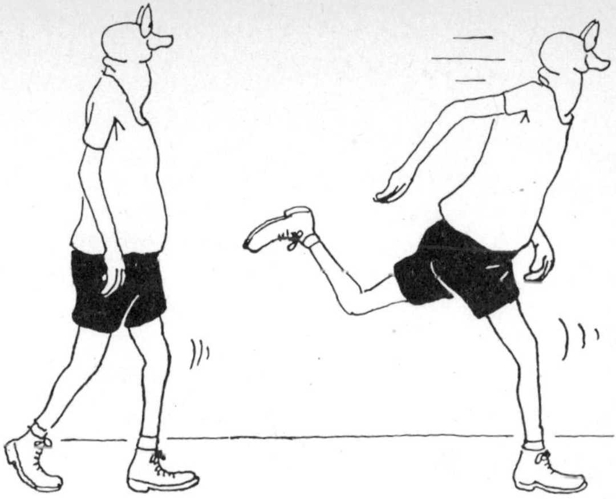

Besser: Dreimal 45 Minuten pro Woche lokker laufen, gleicht die Bewegungsmangelerscheinungen des üblichen Alltagslebens voll aus.

● Wie soll man mit dem Training beginnen?
Das Schwerste am Laufen ist, sich umzuziehen und vor die Tür zu gehen. Das gilt für den Anfänger wie für den jahrelang Trainierenden. Durch fest eingerichtete Laufzeiten (bei jedem Wetter) überwindet man am besten diese Hemmschwelle.
Laufe 10 Schritte und täglich einen mehr.
Eine Anleitung nach dem Intervallprinzip ist die folgende:
Langsamer Trablauf: 1 Minute.
Zügiges Gehen: 1 Minute.
Diese Trainingseinheit kann anfangs schon 20–30 Minuten betragen. Nach wenigen Trainingstagen wird man sich in der Lage fühlen, die Trabzeit auf 2 Minuten auszudehnen.
Gehen weiterhin immer nur 1 Minute. Bald können 3–4 und 5 Minuten in einem Stück gelaufen werden.

Keinen falschen Ehrgeiz entwickeln, sondern die Laufzeit langsam steigern

Man setze keinen Ehrgeiz hinein, möglichst bald 30 Minuten oder gar 45 Minuten an einem Stück laufen zu können. Bis man eine halbe Stunde ununterbrochen laufen kann, darf man sich ein halbes Jahr Zeit nehmen.

● Welche Schwierigkeiten können beim Laufen auftreten, und wie ist ihnen zu begegnen?

Seitenstechen: Man sollte 2 Stunden vor dem Training nichts mehr essen. Keine blähende Kost. Tritt das Seitenstechen während des Laufens auf, beuge man sich schräg nach vorn zur schmerzenden Stelle hin und atme dabei durch den Mund tief aus.

Die Symptome beachten

Atemnot: Unter dem Gefühl, zu wenig Luft zu bekommen, leiden besonders Anfänger. Es ist ein typisches Zeichen, daß zu schnell gelaufen wurde.

Schmerzen im Bereich der Achillessehnen und der Waden: Diese Beschwerden stellen sich häufig beim Anfänger ein. Man muß sie frühzeitig erkennen und Abhilfe schaffen, da sie Chronifizierungstendenzen haben. Oft liegt die Ursache in einer zu harten Schuhsohle. Bei manchen Läufern, besonders Läuferinnen, kann sich durch das Tragen hoher Absätze die Achillessehne verkürzt haben. Beim nahezu absatzlosen Laufschuh wird dann die Achillessehne relativ überdehnt. Man muß deshalb die Absatzhöhe des Laufschuhes zunächst erhöhen, um sie dann schrittweise wieder zu verringern. Heiße Fußbäder vor und nach dem Laufen unterstützen die Anpassungsfähigkeit der Achillessehne.

● Allgemein sind zu empfehlen:
Dehnungsübungen für die Achillessehne vor und nach dem Lauf.

● Dehnungsübungen:
a) Leichte Schrittstellung. Die Zehen des vorderen Fußes anheben, die Ferse bleibt auf dem Boden. Mit der seitengleichen Hand versuchen, an die Fußspitze zu fassen.
b) Man stützt sich in sehr schräger Körperstellung an einer Wand ab. Gesicht zur Wand gekehrt. Die Fersen dabei fest auf den Boden drücken.

● Soll der Läufer selbst seinen Puls kontrollieren?
Die Entscheidung sollte dem zu Rate gezogenen Arzt überlassen bleiben. Er kennt die individuellen Gegebenheiten des Läufers, seine somatische Verfassung und seine psychische Struktur.
Die günstigsten hämodynamischen Trainingsgewinne lassen sich bei einer Pulsfre-

quenz zwischen 130 und 160 Schl./min. erzielen. Für die günstigsten Anpassungen des Stoffwechsels (der Blutfette, des Blutzuckers) scheint die Höhe der Trainingspulsfrequenz weniger bedeutungsvoll zu sein. Für die psychologisch ausgleichende Wirkung des Laufes spielt die Pulsfrequenz keine Rolle.

Puls messen am einfachsten an der Halsschlagader

● Die LLL-Regeln

In Anlehnung an die Skilangläufer (Langläufer leben länger) bedeutet LLL für den Dauerläufer:

L = Langsam laufen.

Keine Spurts zwischendurch oder am

Man soll immer nur so schnell laufen, daß man noch genug Luft hat, um sprechen zu können. Das ist der beste Gradmesser, um sich nicht zu überlasten

Schluß. Man soll sich beim Laufen unterhalten können.
Der häufigste Anfängerfehler: zu schnelles Laufen.
L = Lange laufen.
Nicht die Geschwindigkeit erhöhen, sondern die Strecke verlängern. Eine Trainingseinheit sollte 30 Min. nicht unterschreiten.
L = Leise laufen.
Weich, geräuscharm und somit gelenkschonend abrollen. Nicht mit den Füßen aufpatschen.

Zusammenfassung

Das Aufbauprogramm gliedert sich wie das Basisprogramm in Aufwärmübungen (5–10 Min.), Lockerungs-, Dehn- und Kräftigungsübungen. Die Übungen werden im Stehen durchgeführt.

● Als Ergänzung zu dem gymnastischen Aufbauprogramm kann schon sehr früh mit einem Lauftraining begonnen werden. Es dürfen keine ausgeprägten Fehlstellungen am Haltungs- und Bewegungsapparat vorliegen und keine Neigung zu häufigen Gelenkbeschwerden (im Zweifel den Sportarzt fragen). Der Laufschuh muß mit großer Sorgfalt ausgewählt werden! Gerade der Laufanfänger braucht den besten Schuh. Mindestens zweimal wöchentlich eine halbe Stunde laufen. Dehnübung für die Achillessehne vor und nach dem Lauf.

● Der häufigste Anfängerfehler: Zu schnelles Laufen. Nicht die Geschwindigkeit erhöhen, sondern die Strecke verlängern. Weich, geräuscharm und somit gelenkschonend auf den Füßen abrollen.

5. Schritt
Musterprogramm für G- und eventuell I-Typ (Gut trainierter Sportler, Individualist)

5.1 Einleitung

Meisterprogramm = persönliches Programm

Das Meisterprogramm ist immer das Programm vom Meister selbst, also das von Ihnen selbst aufgestellte Programm. Ich spreche weniger von den Programmen, wie sie Trainer und Funktionäre den Athleten vor schreiben. Ich meine ein buntes Sportprogramm, wie Sie es entsprechend Ihren Neigungen und Lebenseinstellungen, Ihren örtlichen Gegebenheiten und Ihres Familien- und Freundeskreises regelmäßig am liebsten durchführen.

Bewegungseindrücke und Gefühlseindrücke

● Ein Meisterprogramm ist immer etwas Individuelles. Ich möchte Ihnen hier nur exemplarisch ein paar Anregungen geben, wie Sie Ihren Bewegungs-Spiel-Raum vielleicht ein weniger bunter gestalten können. Sie können es einmal mit Sportarten versuchen, die Sie bisher links liegen ließen, oder, was noch schöner ist, Sie können versuchen, neben den Bewegungseindrücken beim Sport auch andere tiefergehende Gemütseindrücke bewußt aufzunehmen, schauen, hören, gestalten, rasten.

● Wenn man schon lange Erfahrung mit dem eigenen Meisterprogramm hat, kommen manchmal die einfachen gymastischen Übungen zu kurz. Diese sind aber für unseren Körper, für unsere Sehnen, Muskeln und Gelenke notwendig. Schauen Sie das Basis- und Aufbauprogramm einmal durch. Sie sollten sich daraus ein 5–10 Minutenprogramm zusammenstellen, welches Sie täglich, besonders aber vor jeder gezielten sportlichen Aktivität durchführen. Vergessen Sie nicht die Lockerungs- und Dehnübungen *nach* körperlichen Anstrengungen. Sie werden sich frischer fühlen. Muskeln und

Gymnastik hält jung bis ins hohe Alter

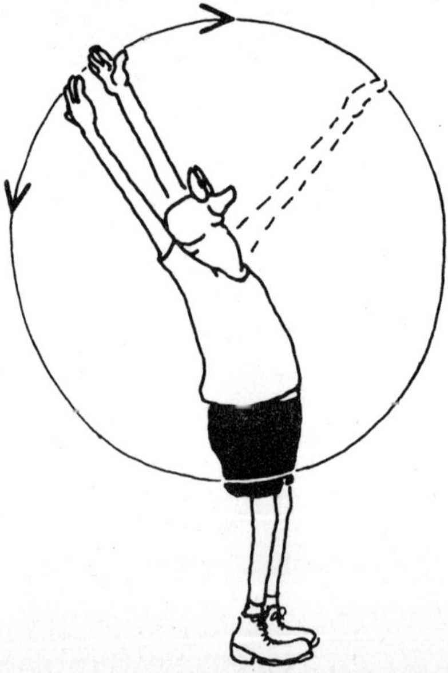

Gelenke erholen sich schneller und besser. Durch vorbereitende und nachbereitende Gymnastik halten Sie ihren Bewegungsapparat bis ins hohe Alter gelenkig.

- Wenn Sie noch kein regelmäßiges Lauftraining durchführen, machen Sie einen Versuch mit dem Programm, wie Sie es unter Schritt 4.2 »Lauftraining« finden.

5.2 Wanderlaufen

Abseits von bekannten Wegen und Strecken weht noch das kleine Abenteuer

Nun möchten wir Sie zum Wanderlaufen mitnehmen.
Nicht jedem liegt es, mit einer Nummer auf dem Rücken wie beim Skilanglauf 687. 686 »Gegner« vor sich zu haben. Nicht jedem liegt es unter Wettkampfbedingungen, getrieben, mit Kosten für Anfahrt und Startgebühr, Volkslauf ... mit dem Volk zu laufen.
Viele mögen jedes Wochenende, manche nur hie und da und manche mögen eben keinen Wettkampf. Haben Sie schon einmal einen Wanderlauf probiert? Einmal weiter als die bisherige »Hausstrecke« laufen, neue Wege, eine neue Umgebung kennenlernen? Kennen Sie Ihre Heimat zu Fuß jenseits der gewohnten Hausstrecke?
Laufen in einer unbekannten Gegend, das hat noch den Duft von Lederstrumpf, ist aber lange nicht mehr so gefährlich.

- Wanderlaufen ist unabhängig von einer Organisation und führt durch unbekannte Gegenden. Es besteht kein Zeit- oder Leistungdruck; mal stehenbleiben und sich etwas anschauen, eine Blume oder einen Käfer fotografieren, mit Leuten sprechen, beobachten, neue unbekannte Wege finden. Der Vorteil dieses Laufens ist, daß man

dabei eine leichte Ausrüstung mitnehmen kann. Man kann mit einer kleinen Ausrüstung eine große Strecke angenehm laufen.

5.3 Laufen mit Gepäck

Viele werden Laufen mit Gepäck vorschnell ablehnen und führen Gewichtsgründe an. Man wartet auf die Erfindung des »selbsttragenden« Rucksacks. Aber es gibt so leichte und gut sitzende kleine Rucksäcke, daß man sie praktisch nicht spürt.

Kartentasche . . .

● Vorschläge für ein paar praktische Dinge: mit Landkarte (möglichst 1:25000 und neueren Datums). Man nehme nur den benötigten Teil der Karte mit und lasse aus Gründen der Gewichtsersparnis den überflüssigen Teil zu Hause. Die Kartentasche kann man unterm Hemd tragen, sie baumelt dann nicht herum.

Personalausweis . . . um nicht für einen joggenden Landstreicher gehalten zu werden (wenn Sie ein smartes Aussehen haben, ist das vielleicht nicht nötig).

Gürteltasche . . . Skiwimmerl – kleiner Rucksack.

Mit dem Laufrucksack läuft sichs am besten. Gürteltasche, Skiwimmerl können einem die Atmung zu sehr einschnüren. Der Laufrucksack entspricht einem kleinen Skirucksack mit lockerem Leibriemen, bepackt mit Wäsche zum Umziehen, Schriftsachen, persönlichen Dingen. Sonstiger Inhalt: Wer fotografiert, kann manchmal mehr vom Leben haben, wenn er damit seinen Blick schult und nicht sein Blickfeld röhrenförmig einengt. Auf dem Markt werden viele Kleinkameras angeboten, die man auch einmal »umsonst« mitnehmen kann.

Notproviant . . . z. B. Fruchtschnitten (Nüsse mit Trockenobst), bereits fertig verpackt in Folie, auch konzentrierte Bergsteiger- oder Astronautennahrung.

Kein Traubenzucker, da er nur kurzfristig wie ein Strohfeuer wirkt und nach kurzer Zeit hat man mehr Hunger als zuvor.

Etwas Geld – Toilettenpapier . . . Und für alle Fälle Toilettenpapier, aber wasserdicht in einer Plastiktüte verpackt. Mit Geschick bringen Sie auch bis zu 20 Blatt Toilettenpapier in einer Filmbüchse unter.

Elektrolytpulver . . . das ebenfalls in eine Filmbüchse verpackt werden kann. Man kann es unterwegs wie Brausepulver lutschen (selbstverständlich reichlich dazu trinken). Es ist wesentlich besser als reine Salztabletten.

Eventuell nehme man einen Kompaß mit. Aber bitte schon zu Hause üben, sonst macht es unterwegs nicht viel Spaß, sich mit Karte und Kompaß zurechtzufinden. Wer allerdings damit umgehen kann, hat noch einmal soviel Vergnügen am Wanderlaufen.

Mütze

diese ist als Sonnenschutz und als Schweißtropfenfänger ebenso geeignet wie bei Kälte. Tape, ist das Beste bei Wasserblasen. Am besten ist es, die Blase sofort aufzustechen (dazu kann man eine steril verpackte Einmalspritzennadel benützen.) Die Blase ausdrükken, Haut nicht abschneiden! Die Eigenhaut ist immer noch das beste Pflaster. Über die entleerte Wasserblase straff und überlappend breites Leukoplast oder Leukotape kleben (kann nach dem Duschen zu Hause bis zu 1 Woche angeklebt bleiben). Den Leukoplaststreifen von 20–30 cm Länge klebe man aus Gewichtsersparnis um eine Filmdose.

Leukoplast oder Leukotape . . .

● Es versteht sich, daß die kleine Ausrüstung nicht nur beim Wanderlaufen, sondern auch beim Berglaufen, Skilanglauf und Fahrradwandern, im Boot und überall, wo man unbeschwert Sport treiben möchte, von Nutzen sein kann.

● Schuhe für Wanderläufe. Noch ein paar Worte zu den Schuhen fürs Wanderlaufen. Es sollten Laufschuhe sein, robust mit Geländeprofil, geeignet sowohl auf der Straße als auch im gröberen Gelände. Die superleichten Rennschuhe sind dafür weniger geeignet.

Gruppenerlebnis beim Wanderlaufen ist etwas Besonderes

Ein besonderes Erlebnis ist der Wanderlauf in einer Gruppe, die aber annähernd die gleiche Dauerlaufleistung bringen sollte. Das Tempo und die Strecke richten sich immer nach dem, der am langsamsten läuft.
Die Familie ist eine Kleingruppe. Wanderlaufen mit der Familie kann zum schönsten Familienerlebnis werden. Aber hier darf man vor allen Dingen die nicht so geübten Familienmitglieder nicht überstrapazieren. Wenn der Vater der trainierteste Läufer ist, kann er ja die Strecke vorher schnell ablaufen und

einige Überraschungen unterwegs verstekken, Osterhasen suchen, was den Kleinsten wie den Größten Spaß macht.
Das Wanderlaufen ist ein kleines Abenteuer, preiswert, das wir uns immer und immer wieder gönnen können.

5.4 Trekking

Trekking ist ein größeres Abenteuer, ein sehr großes Abenteuer. Es kostet viel Geld. Aber für viele gut Trainierte kann Trekking zu einem großen Erlebnis werden. Man muß sich gut vorbereiten. Wer nicht im regelmäßigen Ausdauertraining steht, z. B. ein A-Typ nach unserer Einteilung ist, sollte vor dem Trekking-Unternehmen seine Ausdauerleistungsfähigkeit besonders trainieren. Er sollte sich außerdem ärztlich untersuchen lassen.

5.5 Mountainbike

Neben den vielen Möglichkeiten, das eigene Meisterprogramm durch technische Hilfsmittel zu erweitern, z. B. Kanu, Ski, beginnt das Bergfahrrad (auf englisch: Mountainbike) einen heimlichen Siegeszug. Mit diesen geländegängigen Fahrrädern kann man sich fast so frei fühlen wie beim Laufen. Aber es ist ein Irrtum, wenn man meint, mit dem Mountainbike brauche man nicht viel Kraft, im Gegenteil. Diese Fahrräder sind sehr schwer. Der Rahmen ist verstärkt. Lenker, Bremsen und sonstige Zubehörteile sind kräftig und überdimensioniert ausgelegt. Das Fahrrad hat breite grobstollige Reifen. Man braucht viel mehr Kraft als bei einem üblichen Straßenrad. Aber man kann dafür auch über Schotterwege und sumpfige Wiesen fahren. Achtung auf die Natur!

Abseits von Straßen und Wegen – aber Rücksicht auf die Natur nehmen

● Das Bergfahrrad bietet den Vorteil, daß die Mitnahme von Gepäck keine wesentliche Rolle mehr spielt. Es empfiehlt sich auch für Menschen, die Gelenkbeschwerden haben. Wer Kinder mitnehmen möchte, wird erfreut sein, wie stabil das Fahrrad in der Richtung bleibt, auch wenn die Kleinen unruhig sitzen.

● Von den Extremisten, die mit dem Mountainbike Klettertouren unternehmen, bei denen sogar das Rad abgeseilt werden muß, wollen wir hier nicht sprechen. Das Mountainbike kann ein wunderschönes Sportgerät sein, um Erlebnisse wie beim Wanderlaufen aufzunehmen.

● Meisterprogramme sind immer Ihre individuellen Programme. Sie müssen 4 wichtige Elemente enthalten:

1 – Gymnastikprogramm zum Aufwärmen, Lockern und Dehnen
2 – Ausdauerberlastungen durch Wegleistungssportarten wie Laufen und Radfahren
3 – Abwechslungsreichtum durch verschiedene Sportarten wie Laufen und Radfahren und Kanufahren und Trekking
4 – Vielfältige Sinneseindrücke, Erlebnisse und allgemeine kreative Gestaltung des Bewegungs-Spiel-Raums.

Zusammenfassung

Meisterprogramme sind individuelle Programme. Gymnastische Übungen und Ausdauerbelastungen sind immer notwendig. Abwechslungsreichtum und Vielfältigkeit, z. B. Wanderlaufen, bereichern die individuellen Meisterprogramme. Kreative Möglichkeiten im Bewegungserlebnis werden durch Wahrnehmungsschulung erreicht. Mitmenschen kann man besonders wahrnehmen, wenn man mit ihnen gemeinsam Sport treibt. Die Abbildung einer Alpenblume kann nie das Erlebnis ersetzen, das sich einstellt, wenn man bis zu ihrem Standort über die Berge gelaufen ist.

6. Schritt
Habe ich spezielle Herz-Kreislauf-Probleme? S-Typ?

Richtig dosierter Sport als Therapie

Vor 20 Jahren waren Menschen, die beispielsweise einen Herzinfarkt durchgemacht hatten, zur Untätigkeit verurteilt. Ihnen wurde Sport verboten. Viele wissenschaftliche Untersuchungen und eine große Erfahrung, besonders in Rehabilitationskliniken und sogenannten ambulanten Herzgruppen haben gezeigt, daß richtig angewendeter Sport nicht nur für Menschen mit Herz-Kreislauf-Krankheiten möglich ist, sondern daß solcher Art dosierter Sport eine wichtige Hilfe ist, mit Krankheitsfolgen und Behinderungen fertig zu werden.

- **Checkliste**

Ermitteln Sie Ihre Punkte.

Herzinfarkt	Punkte
Herzinfarkt	10
Bluthochdruck, der ärztlich behandelt wird	3
Durchblutungsstörungen in den Beinen (sog. Schaufensterkrankheit. Medizinisch: periphere arterielle Verschlußkrankheit, claudicatio intermittens)	3
Einnahme von Herztabletten	5
Kurzatmigkeit bei Anstrengungen (Treppensteigen)	2
Druckgefühl über der Brust bei Anstrengungen	7
meine	Punktzahl: ____

Beachten Sie auch Ihre Punktzahl bei Schritt 10 »Checkliste für Raucher«

Auswertung

0 Punkte
Sie sind kein S-Typ.

2–3 Punkte
Sie haben spezielle Herz-Kreislauf-Probleme, S-Typ. Für Sie ist das Spezial-Programm (7. Schritt) geeignet. Aber auch das Basisprogramm (3. Schritt) und eventuell das Aufbauprogramm (4. Schritt) könnten für Sie in Frage kommen.

5–10 Punkte
Ihre spezielle Herz-Kreislauf-Situation macht es erforderlich, daß Sie vor Beginn mit dem Spezialprogramm (7. Schritt) mit Ihrem Arzt sprechen. Lesen Sie vorher den 7. Schritt »Spezialprogramm« durch und auch das Basisprogramm (3. Schritt) und das Aufbauprogramm (4. Schritt). Nehmen Sie das Buch mit zu Ihrem Arzttermin.

Zusammenfassung

Auch mit Herz-Kreislauf-Problemen kann man heutzutage durch Sport einen hohen Bewegungs-Spiel-Raum aufbauen.

● Nach den von Ihnen ermittelten Punktwerten können Sie einschätzen, wie weit Sie sich sportlich belasten dürfen, oder ob Sie zunächst Ihren Arzt konsultieren müssen.

7. Schritt
Spezialprogramm für den S-Typ

7.1 Spezialprogramm für allgemeine Herz-Kreislauf-Probleme

Menschen, die durch Herz-Kreislauf-Probleme körperlich wenig belastbar sind, sollten als Gymnastikprogramm zuerst das Basis-Programm durchführen.
Bei einzelnen Übungen ist jedoch ein relativ hoher Kraftaufwand erforderlich, welcher sich für Herz-Kreislauf-Geschädigte ungünstig auswirken kann.

- Um einer Überlastung vorzubeugen, sollte am Anfang auf folgende Übungen verzichtet werden.

Übung Nr. 5, 9, 30, 32, 34, 40, 48, 54, 58, 60.

Wenn nach einigen Wochen die Übungen vom Basis-Programm ohne Einschränkung durchgeführt werden können, ist der nächste Schritt das Aufbau-Programm. Auch hier sollte zuerst auf nachfolgende Übungen verzichtet werden.

Übung Nr. 5, 12, 33, 35, 45, 47, 51, 58.

- Bei allen Übungen möchte ich noch auf drei Punkte hinweisen.

1. Es sollte nicht zu Atemnot kommen.
2. Es dürfen keine Schmerzen auftreten.
3. Die Pulsfrequenz sollte nicht über 130 Schlägen pro Minute liegen.

Zwischen den einzelnen Übungen sollten häufiger sogenannte »aktive Pausen« in Form von Atemübungen gemacht werden.

7.2 Spezialprogramm für Durchblutungsstörungen in den Beinen

Bei Menschen mit Durchblutungsstörungen in den Beinen stehen zunächst konservative Maßnahmen im Vordergrund. Als eine recht wirksame Therapie hat sich dabei die **Bewegungstherapie** erwiesen. Diese zielt darauf ab, noch vorhandene Reserven zu mobilisieren und somit die Blutversorgung im Muskel zu verbessern.

- Um einen Trainingseffekt zu setzen, soll die hinter der Durchblutungs-Engstelle liegende Muskulatur belastet werden, z. B. beim Oberschenkeltyp die Unterschenkelmuskulatur, beim Beckentyp die Ober- und Unterschenkelmuskulatur.

- Bei jeder Art von Belastung ist darauf zu achten, daß keine Schmerzen auftreten. Akut auftretende Schmerzen sind ein Zeichen für eine Mangeldurchblutung. Wenn diese gehäuft auftreten, kann es auch zu Schäden führen.

Belastbarkeit vorher austesten

Um Schäden zu verhindern, sollte vor einem Training immer zuerst die Belastbarkeit ausgetestet werden. Es ist günstig, die Belastungsgrenze wöchentlich zu testen, um mit der richtigen Trainingsbelastung zu üben. Die einzelnen Übungen werden mehrfach wiederholt, aber immer durch eine Pause von 2–3 Minuten unterbrochen.

1. Beckentyp: Beim Beckentyp werden die Unterschenkel-, Oberschenkel- und Gesäßmuskeln belastet. Eine gute Form der Belastung stellen z. B. Kniebeugen dar. Vor Trainingsbeginn wird der Kranke mit Kniebeugen bis zum Schmerzbeginn ausgetestet. Von dieser Summe werden zwei Drittel zum täglichen Training angesetzt und dreimal hintereinander im Intervall durchgeführt.

Beispiel:
Kniebeugen (⅔ der max. Zahl)
danach Pause (2–3 Minuten)
Kniebeugen (⅔ der max. Zahl)
Pause (2–3 Minuten)
Kniebeugen (⅔ der max. Zahl)
Pause (2–3 Minuten)

Um die Unterschenkelmuskulatur mit zu belasten, sollten beim Üben die Fersen leicht angehoben werden.

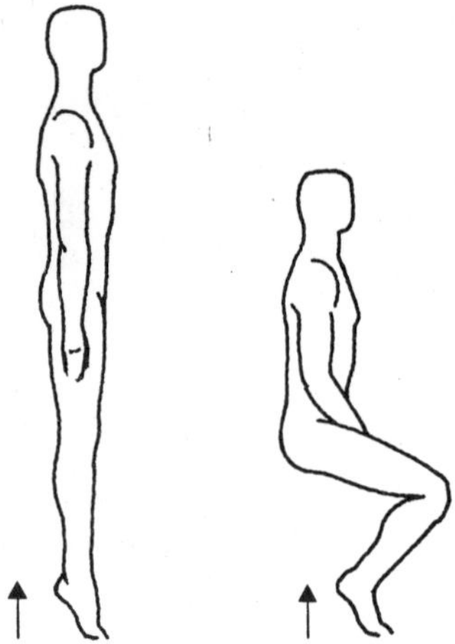

● Die folgenden Übungen können zur Abwechslung zusätzlich durchgeführt werden. Es wird dabei nicht im Intervall geübt, und es sollte immer die Schmerzgrenze beachtet werden.

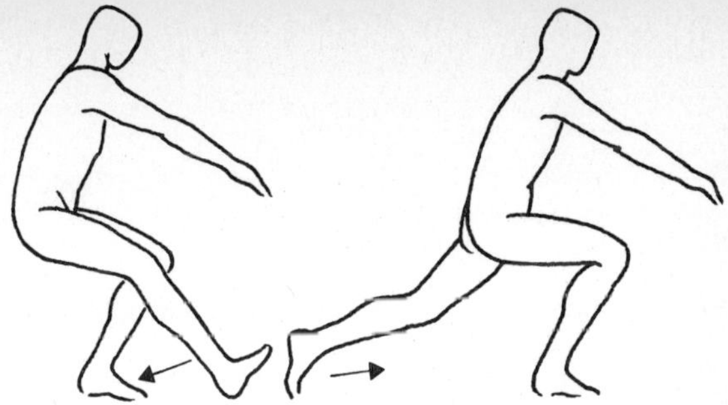

1. Das rechte Bein nach vorne strecken, Ferse am Boden, linkes Knie anbeugen, dann das Bein weit nach hinten strecken, Zehen am Boden, linkes Knie wieder beugen, das gleiche mit dem linken Bein.

2. Weite Grätschstellung, das Körpergewicht im Wechsel auf das rechte und linke Bein verlagern.

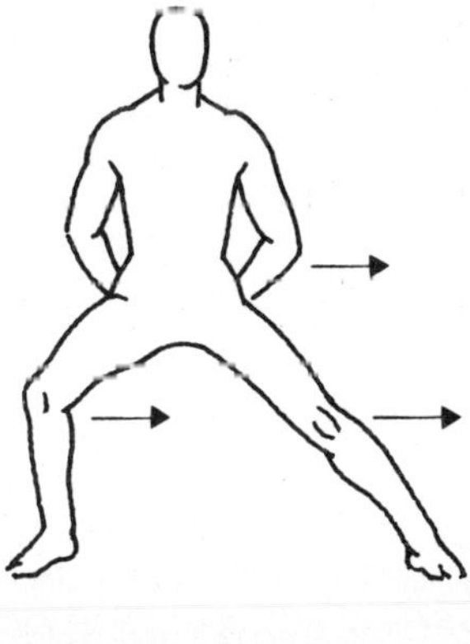

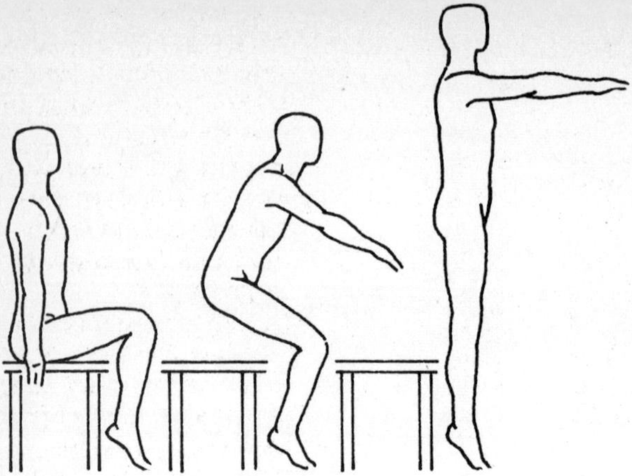

3. Auf einem Hocker sitzen, Fersen anheben, mit angehobenen Fersen aufstehen, Knie durchdrücken, danach wieder setzen, Fersen bleiben angehoben.

4. In Rückenlage, beide Beine anbeugen, Füße am Boden, dann das Gesäß anheben, bis Oberschenkel und Rumpf fast eine Linie bilden und wieder zurück.

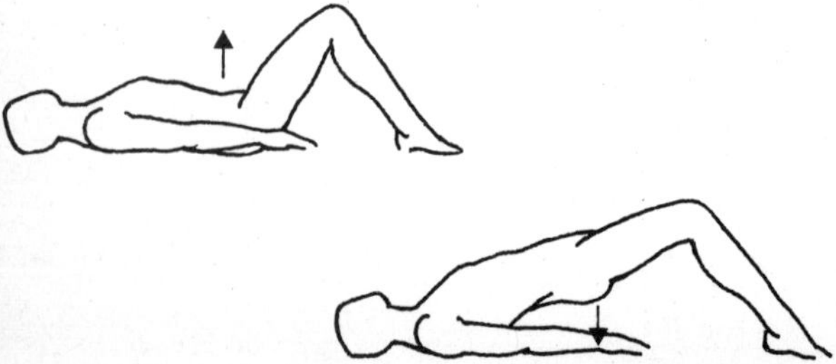

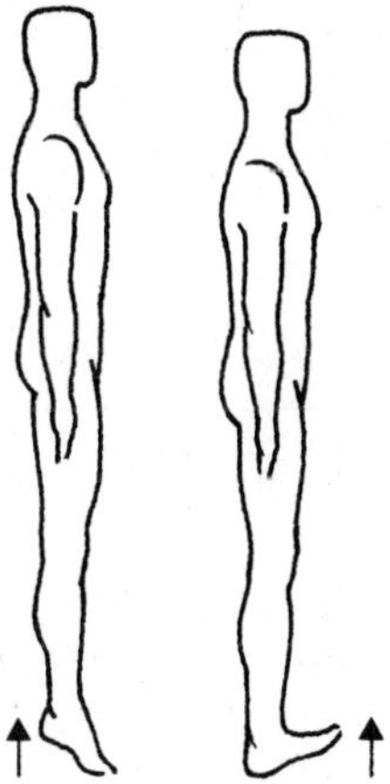

2. Oberschenkeltyp: Beim Oberschenkeltyp wird die Unterschenkelmuskulatur nach dem gleichen Schema belastet. Als Test führt der Kranke Zehenstandsübungen im Intervall durch. Um auch die Vorderseite des Unterschenkels zu belasten, wird die Übung wie folgt ausgeführt.
Beide Beine parallel, dann die Fersen weit vom Boden abheben und wieder senken, danach die Vorfüße vom Boden hochziehen und wieder senken.
Zehenstände (⅔ der max. Zahl)
Pause (2–3 Minuten)
je 3mal

● Zur Abwechslung weitere Übungen ohne Intervalle

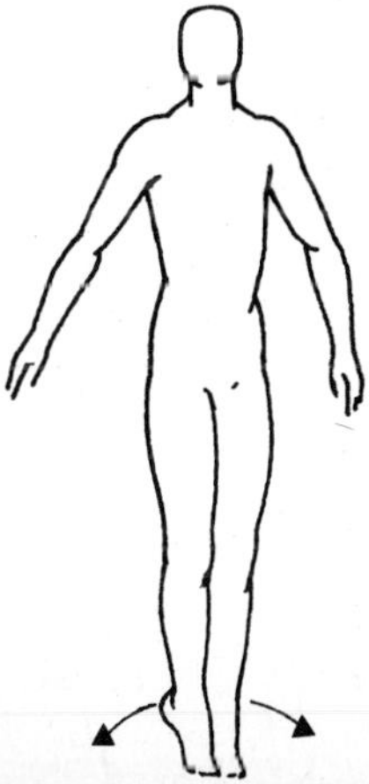

1. Beide Beine geschlossen, beide Fersen anheben und im Wechsel nach rechts und links drehen und absetzen.

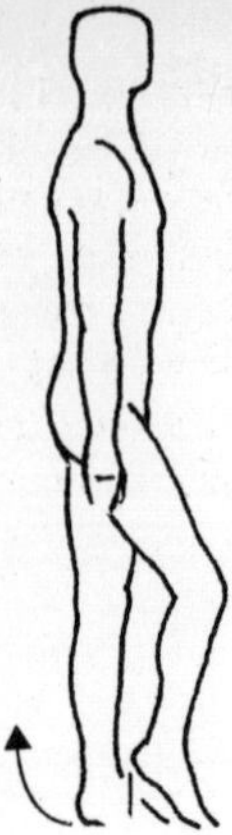

2. Beine geschlossen, dann die rechte Ferse anheben, rechtes Knie gebeugt, danach den rechten Fuß aufsetzen, linke Ferse anheben, linkes Knie beugen, beim Wechsel das Körpergewicht mit dem Fuß nach oben drücken.

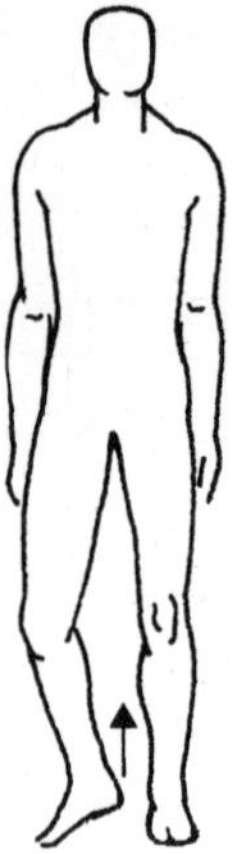

3. Beine leicht gegrätscht, die rechte Ferse vom Boden abheben und zur linken Fußspitze drehen, wieder zurück, das gleiche mit der linken Ferse zur rechten Fußspitze.

3. **Unterschenkeltyp:** Bei Verschlüssen der Unterschenkelarterien eignen sich Übungen für die Fußmuskulatur. Eine besondere Form stellen die sogenannten »Rollübungen nach Ratschow« dar.
Zur Durchführung liegt der Kranke auf einem Bett oder einer Liege, beide Beine gestreckt nach oben heben und

solange mit den Füßen Kreise drehen, bis die Zehen blaß werden. Danach schnell aufsetzen und die Füße solange nach unten hängen lassen, bis die Füße eine Rötung haben. Diese Übung nicht im Intervall ausführen und nach jeder Belastung eine Pause von mehreren Minuten machen.

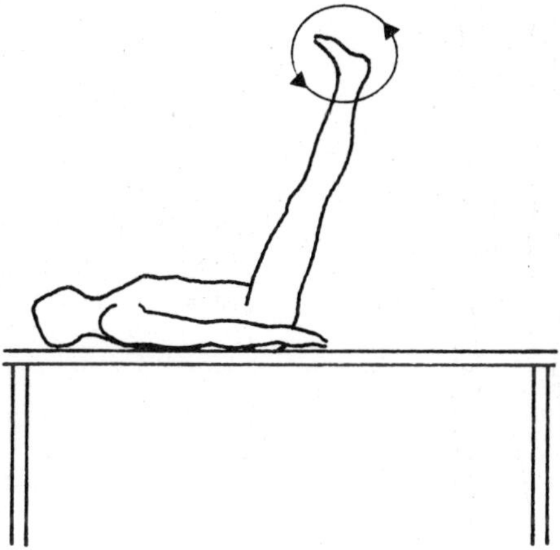

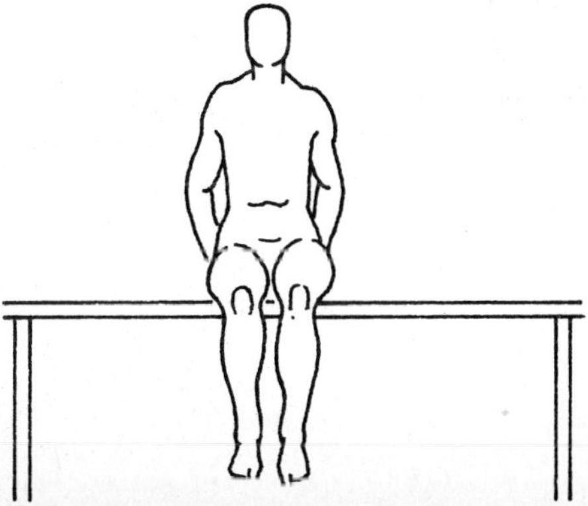

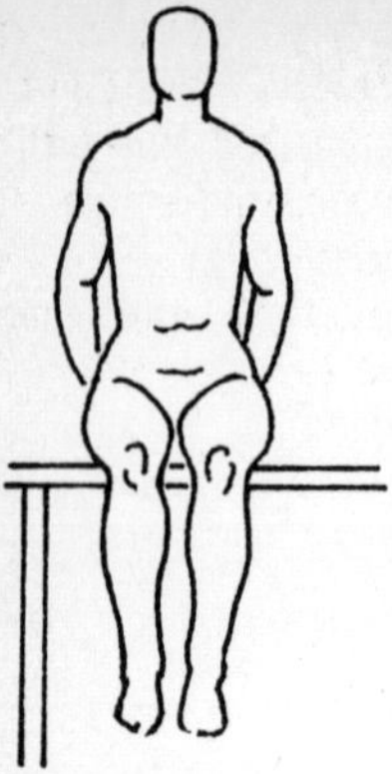

● Weitere Fußübungen:

1. Im Sitzen die Beine leicht gebeugt, die Zehen im Wechsel einkrallen, strecken und spreizen.

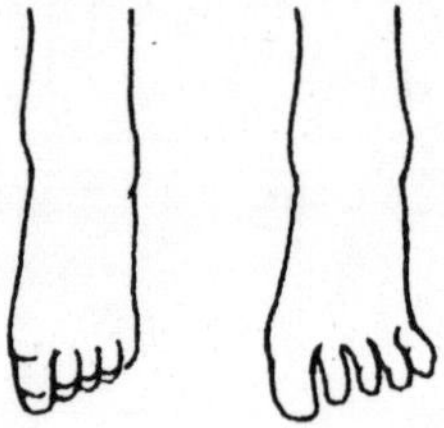

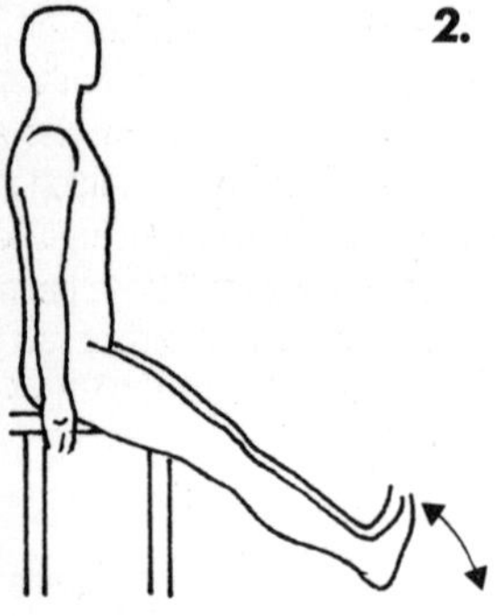

2. Im Sitzen, Beine gestreckt, im Wechsel die Fußspitzen nach unten drücken und nach oben ziehen.

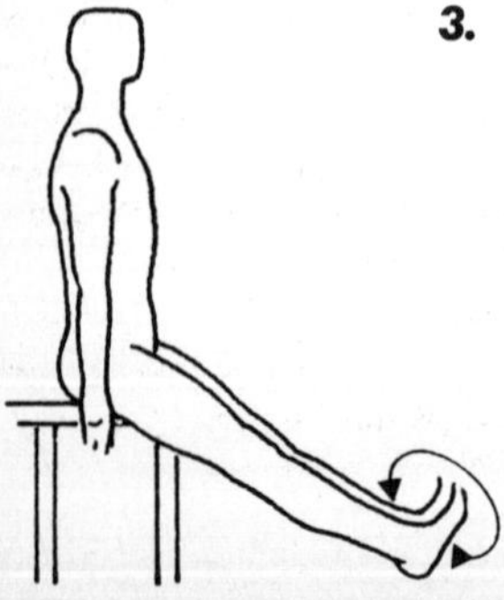

3. Beine gestreckt und geschlossen, Fersen am Boden, mit beiden Füßen im Wechsel nach rechts und links kreisen.

- Eine weitere sehr gute Möglichkeit, Durchblutungsstörungen in den Beinen konservativ zu behandeln, ist das sogenannte »Gehtraining«. Voraussetzung für ein Gehtraining ist ein Gehtest.

7.3 Gehtraining

Gehbeschwerden bei kurzen Strecken (bis ca. 3000 Metern)
Wenn Sie bei relativ kurzen Strecken nach einiger Zeit Beschwerden in den Beinen (krampfartig, vorzugsweise in den Waden) bekommen, könnte dies möglicherweise ein Hinweis auf eine Arterien-Verengung oder einen Arterien-Verschluß in den Beinen sein. Diese Beschwerden treten meistens beim Bergaufgehen oder bei schneller Gangart auf. Ein Gespräch mit Ihrem Hausarzt sollte dann auf jeden Fall folgen.

- Sie können sich selbst testen:

Gehtest: Suchen Sie sich eine ebene Strecke über 1000 m aus. Gehen Sie nun mit einem Tempo von 120 Schritten pro Minute (ein Doppelschritt pro Sekunde). Sie können den Gehrhythmus leicht mit Hilfe der Armbanduhr überprüfen. Gehen Sie mit konstanter Geschwindigkeit und merken Sie sich die Meterzahl, bei welcher die **ersten Beschwerden** auftreten. Gehen Sie ruhig zügig weiter, bis Sie wegen schmerzender Beine **stehenbleiben müssen** (maximal 1000 bis 1500 m).
Gehstrecke:
unter 200 m – unbedingt Arzt aufsuchen.

200 m bis 1000 m – Arzt aufsuchen, regelmäßiges Gehtraining.
über 1000 m bis 3000 m – regelmäßiges Gehen, Wandern, Radfahren usw.
Gehtraining: 90 Prozent der maximalen Gehstrecke täglich zweimal zurücklegen. Gehgeschwindigkeit 120 Schritte pro Minute.
Beispiel: Maximale Gehstrecke 400 m
90 Prozent = 360 m.
Man geht in konstanter Geschwindigkeit bis deutlich vor die Schmerzgrenze. Also nicht erst anhalten, wenn Schmerzen auftreten.

● So mancher wird bald herausfinden, daß er an manchen Tagen weiter gehen kann und an manchen Tagen nur eine kurze Gehstrecke beschwerdefrei zu bewältigen ist. Aber wer aufmerksam ist, entwickelt bald ein Gespür dafür, wann die Schmerzgrenze erreicht sein wird, und kann deshalb sicher vorher anhalten. Nach kurzem Ausruhen kann man wieder weitergehen.

● Dieses Gehtraining ist die erfolgreichste Behandlung bei Durchblutungsstörungen in den Unterschenkeln. Es sind Durchblutungsstörungen, die auf eine Verengung der Schlagadern zurückzuführen sind.
Beschwerden, die durch eine Venenerweiterung, d. h. durch Krampfadern bedingt sind, gehören nicht in diese Gruppe.
So werden Sie bald feststellen, daß sich Ihr Aktionsradius zu Fuß wieder wesentlich verbessert. Wenn eine beschwerdefreie Gehstrecke von über 1000 m erreicht wird, können Wanderungen unternommen werden.

Zusammenfassung

Für das Spezialprogramm bei allgemeinen Herz-Kreislauf-Problemen werden die Übungen aus dem Basisprogramm (P-Typ) und dem Aufbauprogramm (A-Typ) zusammengestellt, die empfohlen werden können. Übungen, die für Menschen mit Herz-Kreislauf-Problemen schädlich sein können, werden besonders gekennzeichnet.
Bei arteriellen Durchblutungsstörungen in den Beinen wird die Anleitung zum Gehtest gegeben und zum Gehtraining.

8. Schritt
Wie bin ich optimal ausgerüstet – für jede Witterung, für Reise und Urlaub?

8.1 Der richtige Laufschuh
8.2 Die richtige Bekleidung

8.1 Der richtige Laufschuh

Es gibt kein schlechtes Wetter, nur schlechte Kleidung.
Sport ist vor allem Bewegung, Bewegung fängt unten an bei den Füßen. Der gute Laufschuh ist das wichtigste Sportinstrument.

Der gute Laufschuh ist das wichtigste Sportinstrument

● Der schlechteste Läufer braucht den besten Schuh ...
Zum Tennisspielen haben wir Tennisschuhe
Zum Bergsteigen Bergschuhe
Zum Golf Golfschuhe
Zu Hause Hausschuhe
Wenn wir zum Laufen Schuhe anziehen wie ... Tennisschuhe, Turnschuhe, »preisgünstige« Sonderangebote, vielleicht farblich gut abgestimmt auf den Trainingsanzug, dann laufen wir mit Sicherheit in der falschen Richtung, denn wir machen schnell das Fahr- bzw. Laufgestell kaputt.

● Wodurch zeichnet sich ein guter Laufschuh aus? Da wir kaum noch weichen Boden antreffen, müssen wir uns ein Stück

Waldboden in Form des Laufschuhs an den Fuß binden.

● Worauf ist beim Schuhkauf zu achten? (Mitnehmen und dem Schuhverkäufer zeigen!)

Laufschuh oder Trainingsschuh. Er muß mit besonderer Sorgfalt ausgewählt werden

1. Gut dämpfende Sohle, besonders im Fersen und Vorfußbereich
Achtung bei billigen Schuhen mit PVC-Sohlen! Diese werden im Lauf der Zeit knochenhart, und es kann zu Achillessehnenschwierigkeiten kommen.

● Je schwerer der Läufer, desto dicker + weicher die Sohle!
Superleichte Rennschuhe sollten nur ultraleichte Rennläufer bei Straßenläufen benützen. (Fürs Training völlig ungeeignet)
Wichtig: Schuh muß auch im Zehenbereich gut gedämpft sein (Bergablaufen bei Hohlfuß, Spreizfuß!)

2. Griffige Sohle, am besten Noppen- oder Traktorprofile
Entgegen mancher Annahme, laufen sich grobe Profile auch auf Asphalt gut.

● Fahren Sie mit Sommerreifen auf Glatteis?
Bei abgelaufenem Profil, Schuh wegwerfen. Er ist auch meistens sonst am Ende. Sohlen, die nur am Absatz abgelaufen sind (bes. bei Hackenläufern, Plattfüßern) soll man mit einem Absatzstück reparieren lassen, die Absatzdämpfung geht dann nicht verloren.

Merkmale des Laufschuhs

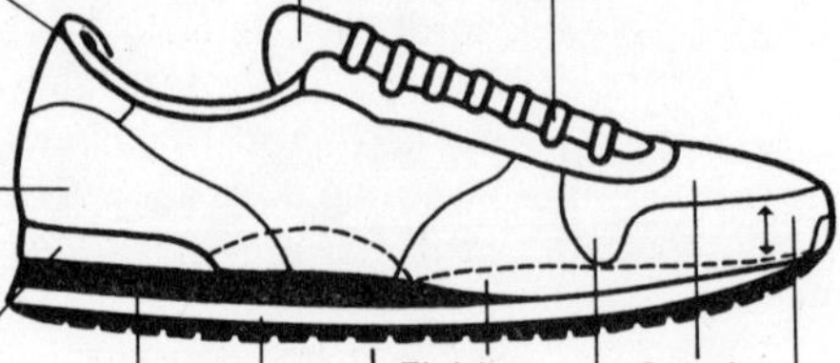

3. Der Schuh soll einen Rahmen haben, wichtig besonders im Vorfußbereich. Dadurch wird seitliches Wegschieben und Umknicken verhindert. Das Längsgewölbe sollte durch ein kleines Polster im Mittelbereich leicht unterstützt sein (sog. Fußbett)

4. Ferse muß fersenfreundlich gestaltet sein.

Orthopädische Probleme kann man mit gutem Schuhwerk ausgleichen

Ein erfreulicher Nebeneffekt der Laufwelle, die den Schuhherstellern enorme Umsatzsteigerungen brachte, ist ein spezialisiertes Angebot von Laufschuhen auch für Sportler mit üblichen orthopädischen Problemen. Was sind übliche orthopädische Probleme? Das sind die Beschwerden an Sehnen, Gelenken und Muskeln, die vor allen Dingen jene Menschen befallen, die kleine Abweichungen in der Statik aufweisen. Wir wollen es nicht so kompliziert sagen, es handelt sich um alle mit mehr oder weniger ausgeprägten Senk-, Knick- oder Spreizfüßen, mit X-Beinen (mehr bei Frauen) oder O-Beinen (mehr bei Männern). Letztlich sind es Normvarianten, die aber durch die für viele ungewohnte Belastung des neubegonnenen Sporttreibens zu ernsthaften Problemen führen können, oder gar, daß der hoffnungsvolle Start in der ersten Woche in einer Sportpause für die nächsten zwanzig Jahre endet.

- In einem guten Sportgeschäft werden Sie beraten, ob ein Schuh, der mehr die Pronation oder mehr die Supination (so heißt das fachmännisch) betont, für Sie gut ist, oder ob Sie auf diese Dinge überhaupt nicht zu achten haben. Den besten Rat kann Ihnen ein sportmedizinisch ausgebildeter Orthopäde geben.

Beinlängendifferenzen nicht selbst ausgleichen wollen

- Wußten Sie eigentlich, daß sehr viele Menschen unterschiedlich lange Beine haben? Manchmal beträgt der Unterschied nur 1–2 cm. Das kann aber ausreichen, um bei stärkerer Beanspruchung Beschwerden zu machen. Beinlängendifferenzen sind gar nicht so leicht richtig abzumessen. Da muß man schon einen erfahrenen Orthopäden zu Rate ziehen. Manchmal können diese Messungen auch von gut ausgebildeten Physiotherapeuten vorgenommen werden. Die Folgen dieser Beinlängenunterschiede sind eine Fehlstatik, die mit verschiedensten Beschwerden einhergeht, häufig Kreuzschmerzen. Mit einer kleinen Ausgleichsunterlage im Schuh des kürzeren Beines sind die Beschwerden schnell zu beheben. Aber man soll hier nicht zur Selbsthilfe greifen, sondern den ärztlichen Rat einholen.
Abrupte Umstellungen können die Beschwerden verstärken.
Wer »schwache Gelenke« hat und zum häufigen Umknicken neigt, dem ist vielleicht mit einem halbhohen Laufschuh gedient.

Orthopädische Maßlaufschuhe

● Menschen mit stärkeren orthopädischen Problemen brauchen ebenfalls nicht auf Sport zu verzichten. Mehrere der großen Sportschuh-Hersteller haben Spezialabteilungen eingerichtet, in denen individuell zugeschnittene orthopädische Maßlaufschuhe und andere Sportschuhe hergestellt werden.
Bei Regen gibt es nasse Füße und nach dem Laufen läuft die Nase.
Im Winter scheuen viele einen Dauerlauf, aus Angst, auszurutschen und auf die Nase zu fallen.

Warme und nässegeschützte Trainingsschuhe

● Mit dem richtigen Schuh behält man trokkene Füße und sicheren Tritt. Laufschuhe aus Goretex-Material halten bei guter Atmungsfähigkeit einen Nieselregen völlig ab. Auch feuchtes Gras macht keine Probleme mehr. Bei Schnürlregen bleiben die Füße nicht ganz trocken, aber doch wohlig warm.

Wintergriffige Laufschuhe

● Für den Winter sollten die Schuhe nicht nur etwas wärmer sein, das sind u. a. die meisten Goretex-Schuhe, man sollte Schuhe mit griffigerem Profil aussuchen. Nicht immer ist das ein Profil, das besonders scharfkantig aussieht. Es können auch breite Gumminoppen sein, die ein besonderes Mischungsverhältnis haben und deshalb besser haften. Es ist ähnlich wie bei den Winterreifen für das Auto. Neuerdings werden spezielle Schuhe mit einigen kleinen Metallspikes in der Mitte der Laufsohle angeboten. Die Spikes können zum normalen Laufen abgedeckt werden.
Aber nicht nur wegen der verschiedenen Wetterbedingungen sollte man mehrere Paar Schuhe haben, es tut auch den Füßen sehr gut, wenn der Schuh lange auslüften kann. Auslüften wirkt auch dem Fußpilzbefall ent-

Fußpilz oder runners toe

gegen. Fußpilz ist nämlich ein häufiges Problem bei Sportlern. Die Amerikaner sprechen direkt von runners toe und meinen damit den Fußpilz, der durch das vermehrte Schwitzen im unausgelüfteten, ständig irgendwie feuchten Laufschuh einen nahezu idealen Nährboden findet.

8.2 Die richtige Bekleidung

Bleiben wir beim schlechten Wetter, bei gutem Wetter spielt außer dem Schuh die übrige Bekleidung kaum eine Rolle, wenn man sich nicht gerade so warm anzieht, daß es zu einem Hitzestau kommt.
Das Kälteproblem beim Sport ist weitgehend gelöst. Wieder einmal ist es die weniger attraktive Seite, die wichtig ist, also nicht der modische Trainingsanzug, sondern die richtige Sportunterwäsche. Seide und Baumwolle sind ungeeignet. Im trockenen Zustand der Haut, wenn man also noch nicht schwitzt, ist ein Baumwoll- oder gar ein Seidenunterhemd am kuscheligsten. Aber vielleicht gerade weil Baumwolle und Seide so hautfreundlich sind, passen sie sich der Haut ganz an, d. h. sie werden naß, wenn die Haut naß wird.

Schweißdurchlässige Kunstfaserunterwäsche ist Naturfaserprodukten überlegen

● Die speziell schweißdurchlässige Kunstfaser-Sportunterwäsche ist unschlagbar. Man muß aber die Grundprinzipien kennen und die Richtlinien der Hersteller befolgen. Man wird beispielsweise klatschnaß wie vorher, wenn man unter die Kunstfaserwäsche, also direkt auf die Haut noch ein Baumwollhemd zieht. Die nicht schweißaufnehmende Unterwäsche gehört direkt auf die Haut. Durch feine Kanälchen wird die Hautfeuchtigkeit nach außen transportiert. Dort kann sie verdunsten oder wird von einer speziellen weiteren Schicht aufgenommen, von der sie dann abdampft. Diese zweite Schicht ist je nach Hersteller entweder mit der unteren schweißdurchlässigen Schicht zu einer Lage fest verbunden oder als zweite Lage, also z. B. als zweites Hemd über die unterste Lage zu ziehen.

● Wenn es nun regnet oder windig und kalt ist, sollte man einen feuchtigkeits- und windabweisenden Überanzug tragen. Es gibt verschiedene Materialien, die geeignet sind. Sie alle haben einen Zweck zu erfüllen: Regen und Wind sollen abgehalten werden, ohne daß der Feuchtigkeitstransport von der Haut nach außen unterbunden wird.

Bei feuchter Witterung einen Überanzug tragen

Ob nun Goretex oder ein vergleichbares Material die Außenhaut bildet, auch dieses ausgeklügelte System für ein angenehmes trockenes Hautklima, bricht sofort zusammen, wenn wir nicht die oben besprochene spezielle schweißdurchlässige Kunstfaserunterwäsche tragen. Mit Baumwollunterwäsche oder einem Baumwoll-Trainingsanzug unter einem regen- und windabweisendem Überanzug wird man sich bald wie im römischen Dampfbad fühlen, allerdings nur was die Feuchtigkeit und Wärme anbelangt, nicht was das Wohlbefinden betrifft.

Wenns kalt wird, sollte man eine leichte Mütze nicht vergessen. Auch hier werden Materialien angeboten, die warmhalten und das Schwitzwasser durch feine Poren nach außen befördern, so daß der Kopf trocken bleibt.

Trainingsjacke

Trainingsjacken mit Kapuze eignen sich besonders für die Übergangszeit.

Hexenschuß

● Nun noch etwas für die Hitze. Wenn man geschwitzt hat, erkältet man sich leicht, bzw. man holt sich leicht einen Zug, einen steifen Hals oder einen Hexenschuß. Wer Bergbauern im sonnigen Süden beobachtet, der wird häufig sehen, daß selbst bei Temperaturen über 30 Grad diese Naturburschen immer etwas Warmes um die Hüften tragen, manchmal sogar ein Fell. Deshalb ist auch im Hochsommer ein Hemd zu empfehlen, das aus einem Material besteht, das die Haut trockenhält.

Sonnenschutz

Wer in praller Sommersonne laufen will (oder muß?), der ist mit einer luftdurchlässigen leichten Kopfbedeckung gut beraten. Wer viel bei starker Sonneneinstrahlung im Freien ist (sommers und winters), der sollte sich mit Creme und Lippenstift vor den hautschädlichen UV-Strahlen schützen.
Zunächst ist Bräunung ja schön. Aber die Hautärzte wissen, was sie meinen, wenn sie sagen: Die Haut ist so alt, wieviel Sonnenstrahlen sie abbekam. UV-Luft läßt die Haut welken. Machen Sie einmal die Probe und legen Sie ein Farbfoto ins Sonnenlicht.
Nun sind Gesichtsrunzeln und Falten vielleicht nicht so schlimm, manche brauchen das, um erst richtig interessant auszusehen. Vielleicht ist das aber auch nur ein Trost für die Tränensäcke.

● Es geht jetzt aber nicht um ein Schönheits- oder ein Eitelkeitsproblem, es geht um Ernsthaftes. In den letzten 10 Jahren haben die Hautkrebse und krebsartigen Erkrankungen der Haut enorm zugenommen. Der »Sonnen- oder Bräunungskult« spielt dabei eine große Rolle. Das Heimtückische an den UV-Strahlen ist, daß die bösartigen Wirkungen erst nach Jahrzehnten auftreten, also wenn man 50 oder 60 ist – eigentlich auch noch viel zu früh. Deshalb also die Haut mit schutzfaktorhaltigen Cremes und Lippenstiften schützen.

Strümpfe

● Jetzt hätten wir die Strümpfe beinahe vergessen, sie spielen vielleicht auch nicht eine so große Rolle wie Schuhe und schweißdurchlässige und wasserabstoßende Kleidung. Aber man kann mit den Strümpfen einige Problemchen günstig beeinflussen. Es werden ausgeklügelte Socken angeboten, die an der Fußspitze, der Mitte, der Ferse und am Knöchel ganz unterschiedliche Eigenschaften haben. Mit solchen Strümpfen kann man die Dämpfung beim Laufen und das Sitzen des Schuhes verbessern, jede Blasenbildung vermeiden, ein trockenes und angenehm warmes Fußklima schaffen. Socken mit diesen Supereigenschaften sind etwas teuerer, aber vielleicht kaufen sie etwas, Sie wissen schon: ... Ihren Füßen zuliebe.

Fußnägel schneiden

● Wenn es niemand sieht, sollten Sie einmal heimlich auf Ihre Fußnägel schauen. Manchmal vergißt man es, sie zu schneiden. Manche Probleme beim Laufen, wenn der »Schuh drückt«, sind durch den Gebrauch der Nagelschere an dem dafür vorgesehenen Körperteil wie weggeblasen.
Reise und Urlaub, was ist da Besonderes? Nein, das meine ich nicht, daß es da natür-

lich viel schöner ist, weil Sie endlich mal abschalten können und Zeit für sich und Ihre Familie haben ... und zum Sport treiben. Die äußeren Bedingungen, Gebirge oder See, Winter oder Sommer, sind offenkundig. Pech ist nur, daß man auch im sonnigsten Süden einen verregneten Sommer antrifft. Kurz gesagt: Sie sollten für jede Wetterbedingung gerüstet sein. Eine große Sporttasche, in der saubere und beschmutzte Trainingsklamotten getrennt aufbewahrt werden können und auch getrennt zugänglich sind, kann meist das ganze Ausrüstungsarsenal fassen.
Das wär's. Viel Spaß. Für Ihre speziellen Sportarten, da kennen Sie sich aus, die Rennradhose, den Helm nicht vergessen! Die zweite oder dritte Badehose usw. usw.

● Für den Wintersport hat noch nie jemand etwas vergessen, es sei denn, er hat wirklich etwas vergessen. Aber gerade beim alpinen Wintersport sind die Fitneß-Übungen, die

Befreiung aus dem Skistiefelgefängnis: Laufschuhe danach anziehen

Sie in diesem Buch finden, bestens geeignet, einen Ausgleich zu schaffen für die im wesentlichen mit statischer Haltearbeit belasteten Muskeln. Gönnen Sie sich nach der Befreiung aus dem Skistiefel-Gefängnis den Waldboden Ihrer Laufschuhe, die Freiheit des leichten Trainingsanzugs.
10 Minuten oder eine Viertelstunde und Sie sind heiß auf den nächsten Skitag.

Zusammenfassung

Der gute Laufschuh ist das wichtigste Sportinstrument. Sportunterwäsche aus Kunstfaser, die den Schweiß durchläßt und die Haut trokken und warm hält, ist Naturfaserprodukten überlegen. Sonnencremes und Lippenstifte mit Schutzfaktoren sollten großzügig benützt werden, weniger wegen der Eitelkeit, sondern zur langfristigen Vorbeugung vor Hautkrebs.

9. Schritt
Wie ernähre ich mich richtig?

9.1 Einleitung

Dieses Kapitel ist völlig überflüssig. Bei den fast täglichen Ratschlägen in irgendeinem Presseorgan oder in der Werbung, von der »Brigitte-Diät« über »Unsere Nahrung, unser Schicksal« bis zu empfehlenswerten Nahrungsmitteln für unsere Olympiateilnehmer, es wird für jeden Geschmack und für jeden Wunsch das passende Menü angeboten. Wenn Sie sich entschlossen haben, Sport zu treiben oder Ihren Sport zu optimieren – sonst hätten Sie ja dieses Buch nicht gekauft – dann haben Sie auch die Fähigkeit, unter der Flut von Nahrungsempfehlungen das Richtige für Sie auszuwahlen. – Überschlagen Sie dieses Kapitel.

● Wenn Sie aber trotzdem weiterlesen wollen, weil Sie ein besonders höflicher Leser sind, Mitleid mit dem Autor haben, dann will ich es kurz machen. Ich gebe Ihnen 10

Punkte aus meiner Sicht.
Meine Sicht äh hm hm ... also gut, ich muß zugeben, als Herzspezialist habe ich eben mit Krankheiten zu tun. Dabei habe ich oft das Gefühl, man wird gerufen, wenn das Kind schon in den Brunnen gefallen ist, bzw. das Herz einen Knacks bekommen hat, sprich: Herzinfarkt. Dieser Herzstreß ist nun nicht nur Schicksal, sondern mangelnder Einsatz unserer Intelligenz, manchmal sogar Dummheit.
Es geht aber nicht nur darum, mit sauertöpfischer Strenge jedes Krankheitsrisiko zu vermeiden, wir möchten einen großen Bewegungs-Spiel-Raum haben, wir möchten mit offenen Augen, mit unserem Körper, mit allen Sinnen das Leben unbeschwert genießen, es gibt so etwas wie die große und die kleine Gesundheit.
Verzeihen Sie, wenn ich ins Schwärmen geriet, das ist irgendwie typisch für den Sport, wie ich ihn meine.
Bei den folgenden Punkten nehme ich Empfehlungen auf, die von der amerikanischen Herzgesellschaft und von der obersten amerikanischen Gesundheitsbehörde als offizielle Empfehlungen ausgegeben wurden. Die europäischen Empfehlungen, die in einer Konsensus-Konferenz erarbeitet wurden, sind gleichlautend. Die Amerikaner sprechen von einer »prudent diet«, also von einer intelligenten Ernährung.

9.2 Die zehn Punkte der richtigen Ernährung

1. Ernährung ist für Sie kein Problem. Sie wissen, wie Sie sich richtig ernähren. – Ich gratuliere.
Vielleicht noch eine Empfehlung für diejenigen, die besonders strikte Nahrungsgewohnheiten einhalten. Der Einfachheit halber will ich 2 Extreme wählen:
– Schweinshaxe, Leberkäs, Ham and eggs oder
– Magerquark, Schnittlauch, frischgemahlene Körner

● Jetzt meine Empfehlung, wenn sie abchecken wollen, ob Sie richtig liegen, fragen Sie bei der Kost des gestandenen Mannsbildes nach einiger Zeit Ihren Arzt, ob Ihre Herzkranzgefäße und alles, was damit zusammenhängt, bezüglich der Diät mit Ihnen »gleicher Meinung« sind.
Dinieren Sie Gipsiges und Gewölliges, mit verführerischen Gräsern garniert, dann fragen Sie nach einiger Zeit Ihre Familie, ob diese bezüglich der Auswirkung Ihrer Diät auf die Stimmung gleicher Meinung ist wie Sie.
2. Zwei Mahlzeiten pro Woche Fisch.
3. Eier sind gut für die Fortpflanzung, nicht für die Diät.
4. Würzen, nicht salzen
Anmerkung: Verkaufen Sie Ihren Salzstreuer und machen Sie von dem Erlös eine lukullische Traumreise in ein Land, wo Safran wächst.
5. Fünf kleine Mahlzeiten sind besser als drei große.
6. Frischer Salat und frisches Obst jeden Tag.

7. Meide Konserven und Tiefkühlkost. Beides ist verarmt an Spurenelementen, schlimmer noch: Zuviel Kochsalz, also Natrium und zuwenig Kalium.
8. Dunkles Brot ist wie Buchenholz im Kachelofen, aber Weißbrot, Zucker, Süßigkeiten und Teigwaren verbrennen wie Zunder, machen dicke Hüften und erschöpfen das Insulin (ein lebenswichtiges Hormon für den Kohlehydrat-Stoffwechsel. Wenn es den Anforderungen nicht mehr gewachsen ist, kommt es zum Diabetes, der Zuckerkrankheit).
9. Viel trinken. Nein, nicht Bier, auch Vorsicht bei kalorienhaltigen Limonaden und anderen Fruchtsaftgetränken, wenn man Gewichtsprobleme hat.

Kennen Sie den? Ein Engländer, ein Franzose und ein Sachse unterhalten sich über ein amouröses Thema. Der Engländer hatte gerade seinen Bericht abgeschlossen, da zelebrierte der Franzose in einer Mischung von distinguiert und charmant, wohin er den Champagner bei Mademoiselle einzuschenken pflege, und dann ... er konnte nicht wei-

tersprechen, weil der Sachse unterbrach: Sie, mei Gudsder, kann man das ooch mit Bier machen?
Die Moral von der Geschichte (für den Sport): Trink Wasser oder Tee und denk, es ist Krambambule. – O weh!

10. Wer beim Essen »sündigt«, sollte es nicht mit schlechtem Gewissen tun. Empfehlung: Planen Sie einmal pro Woche eine »diät-sündige« Mahlzeit ein, aber mindestens 4 Tage vorher. Freuen Sie sich auf dieses Superessen, vergessen Sie alle Vorsätze und natürlich auch, was in den vorausgehenden Punkten hier geraten wurde. Machen Sie sich schick und tafeln Sie nach voller Lust. – Die zweite Belohnung kommt am nächsten Morgen, wenn Sie auf die Waage steigen und zugenommen haben. Dann müssen Sie sich natürlich trösten. Kaufen Sie sich etwas Schönes. Es braucht nur eine Kleinigkeit zu sein, ein paar Blumen, die 2 Tage Freude schenken und dann weggeräumt werden.
Am besten können Sie sich trösten, wenn Sie die Blumen jemandem schenken, den Sie mögen. Oder Sie laden jemanden ein – nee, nicht zum Biorl – Tee trinken, bitte ohne Sahne und ohne Zucker, zur Not Süßstoff. Es kann auch Kaffee sein.

9.3 Zusammenfassung

- 10 Punkte für die richtige Ernährung.

1. Keine extrem einseitige Ernährung.
2. Zwei Mahlzeiten pro Woche Fisch.
3. Eier einschränken oder ganz meiden.
4. Würzen, nicht salzen.
5. 5 kleine Mahlzeiten sind besser als 3 große.

6. Täglich frischer Salat, frisches Obst, frisches Gemüse.
7. Konserven und Tiefkühlkost meiden.
8. Vollkornbrot verwenden.
9. 2–3 Liter Trinkmenge pro Tag.
10. Essen ist eine Kunst, McDonald's nicht.

10. Schritt
Checkliste für Raucher

● **Flüchten oder Fechten,**
Streß, das Erbe der Steinzeit

Sport ist lebensnotwendig und gesund

Sport ist nicht nur die »wichtigste Nebensache der Welt«, Sport ist lebensnotwendig und gesund.
So ist der Satz »Laufe um Dein Leben« wörtlich zu nehmen. Mit Recht ist Laufen eine weltweite Bewegung. Die modernen Menschen sind nämlich mit einem in Jahrtausenden unverändert gebliebenen Programm ausgestattet oder programmiert.

Der moderne Mensch wurde in der Steinzeit programmiert

● Der Kampf ums Überleben wird durch die Urszene »Flüchten oder Fechten (Kämpfen)« dargestellt. Weglaufen (um nicht gefressen zu werden) oder hinterherlaufen (um Nahrung zu erbeuten). Ausdauertraining ist die kulturell erworbene Freiheit, einer uralten Programmierung freudig zu genügen.
Wenn wir uns heutzutage auch nicht mehr vor wilden Tieren fürchten müssen und nicht mehr unsere Nahrung durch das Erlegen von Beutetieren zu sichern brauchen – wenn wir Hunger haben, machen wir den Kühlschrank auf – so reagieren wir auf das Signal »es raschelt im Busch« wie unsere lendenbeschürzten speertragenden Vorfahren. Wenn das Telefon klingelt, wenn wir in der Hauptverkehrszeit einen Parkplatz suchen ... reagieren wir (zunächst durchaus

Der Kampf ums Überleben wird durch die Urszene »Flüchten oder Fechten (Kämpfen)« dargestellt. Weglaufen (um nicht gefressen zu werden) oder Hinterherlaufen (um Nahrung zu erbeuten).– Ausdauertraining ist die kulturell erworbene Freiheit, einer uralten Programmierung des Menschen freudig zu genügen.

Im Streß steigen Bluthochdruck und Puls, Blutfette und Blutzucker

sinnvollerweise) mit vermehrter Leistungsbereitschaft: Der Blutdruck steigt, das Herz schlägt schneller, Energiebrennstoffe werden ins Blut freigesetzt (der Blutzucker steigt, die Blutfette steigen), die Blutgerinnung wird aktiviert (um beim früheren echten Kampf ums Leben, bei Verletzungen eine schnellere Blutstillung zu erreichen), die Handflächen werden feucht (früher: um grifffester durch die Bäume hangeln zu können oder um den Speer fester in der Hand zu halten).

● Diese Alarmreaktion oder besser: Bereitstellreaktion können wir auch beim Sport beobachten. Wenn der Sprinter am Start auf den Startschuß wartet, ist beispielsweise seine Herzfrequenz schon fast genauso schnell wie nach der Anstrengung, wenn er durchs Ziel läuft. Wir haben Werte von 160 Schlägen/min. beim Start und 182 im Ziel gemessen. Dieses »Aufheizen« nennen wir im Sport Vorstartreaktion. Nach dem Start wird aber durch die intensive körperliche Belastung dieser »Dampf« gebraucht, um die Spitzenleistung zu vollbringen. Nach Beendigung der sportlichen Leistung nähern sich die erhöhten Körperwerte schnell wieder dem Ausgangspunkt. – Warum? Weil die

Streßhormone, die der Körper selbst bildet, um die Reaktionen wie Blutdruckerhöhung, Blutzuckeranstieg usw. auszulösen, weil diese Streßhormone durch körperliche Aktivität abgebaut werden.

● Das hat praktische Konsequenzen für den Streß im Alltag. Bei jeder Startsituation (Telefon, Verkehrsampel usw.) schüttet der Körper Streßhormone aus, um die Kreislauf- und Stoffwechselfunktionen anzukurbeln, aber zum Unterschied gegenüber dem uralten Programm und dem Sport muß man im modernen Alltag meist keine körperliche Leistung mehr erbringen, man muß nur aufs Gaspedal treten. Im Alltag werden die Streßhormone langsam abgebaut. Das merken wir, wenn wir müde und abgespannt nach Hause kommen, aber abends doch keinen Schlaf finden können. Die Streßhormone halten uns munter.

Sport ist das beste Mittel gegen den Streß

● Nicht Tabletten, Sport ist das beste Mittel gegen den Streß!
Dieser letzte 10. Schritt unseres Buches soll Ihnen Kenntnis und Sicherheit vermitteln, wie Sie durch die Programme, die in den vorausgehenden Schritten dargestellt wurden, langfristig etwas für Ihre Gesundheit tun können.

Viele Faktoren beeinflussen unsere Gesundheit

Viele Lebensumstände und Verhaltensweisen können die Gesundheit und Krankheit beeinflussen. Wir sprechen im folgenden von Faktoren.

Ermitteln Sie die Punktzahlen für Ihre Faktoren

Faktor -Zigaretten	Punkte
0	0
Exraucher	1
1– 5	2
5–10	3
11–15	5
16–20	7
21–30	8
31–40	9
über 40	12

meine Punktzahl: ___

Faktoren, die völlig unabänderliche Tatsachen sind

Alter	Punkte
20–30	0
31–40	1
41–45	2
46–50	3
51–55	4
56–60	5
61–65	6
66–70	7

meine Punktzahl: ___

Eltern und nahe Blutsverwandte (Herz-Kreislauf-Krankheiten, plötzliche Todesfälle, Schlaganfall)

Eltern und Verwandte	Punkte
0	0
1 Elternteil über 60. LJ erkrankt	1
2 Elternteile über 60. LJ erkrankt	2
1 Elternteil unter 60. LJ erkrankt	3
2 Elternteile unter 60. LJ erkrankt	7
Elternteile und nahe Blutsverwandte (Onkel, Tante)	9

meine Punktzahl:

Faktoren, die man beeinflussen kann

Blutdruck (systolischer = oberer oder größerer Wert) mmHg

Blutdruck	Punkte
unter 120	0
120–130	1
131–140	2
141–150	4
151–161	6
161–170	8
171–180	9
über 180	10

meine Punktzahl: ___

Blutzucker nüchtern (mg/%)	Punkte
80	0
Diabetes in der Familie	1
100	2
110	3
behandlungsbedürf- Diabetes	5
schlecht eingestellte Zuckerkrankheit	10

meine Punktzahl: ___

Cholesterin mg%	Punkte
180	0
181–200	1
201–210	2
211–220	3
221–230	5
241–250	7
251–260	8
261–280	9
281–300	10

meine Punktzahl: ___

Gewicht (Abweichung vom Normalgewicht in kg)

Das Normalgewicht errechnet man: Körpergröße in cm – 100. Die Differenz, das Ergebnis, dieser Zahlen entspricht dem Normalgewicht in kg).

Gewicht (Abweichung in kg)	Punkte
bis 5 kg unter dem Normalgewicht	0
Normalgewicht	1
6–10 kg über Normalgewicht	2
11–15 kg über Normalgewicht	3
16–19 kg über Normalgewicht	5
20–25 kg über Normalgewicht	7
mehr als 25 kg über Normalgewicht	8

meine Punktzahl: ___

Streß	Punkte
kein übertriebener Streß	0
viel Streß im Beruf	1
kaum zumutbarer Streß im Beruf	2
Streß in der Familie	4
Streß in Beruf und Familie	5

meine Punktzahl: ___

Sport	Punkte
regelmäßiger Ausdauersport mindestens 5 Std./Woche (z. T. ersetzbar oder ergänzbar durch körperliche Tätigkeit im Beruf, z. B. Arbeit im Weinberg)	–5 (minus 5) (= 5 Punkte können vom Endergebnis abgezogen werden)
körperliche Bewegung im Beruf und viel Sport	–2 (minus 2)
sehr viel Sport	0
Sitzberuf viel Sport	2
Sitzberuf mäßig Sport	3
Sitzberuf wenig (gelegentlich) Sport	4
Sportlich inaktiv	6

meine Punktzahl: ___

● Übertragen Sie die für Sie zutreffenden Punktzahlen in die Tabelle

	meine Punktzahl:
Zigaretten	___
Lebensalter	___
Eltern und Verwandte	___
Blutdruck	___
Blutzucker	___
Cholesterin	___
Gewicht	___
Streß	___
Sport	___

(Treiben Sie vielleicht schon so viel Sport, daß Sie Punkte mit einem Minuszeichen für sich aufschreiben konnten, also Punkte, die Ihnen jetzt als »Pluspunkte« gutgeschrieben wurden?
Wenn ja, vergessen Sie nicht, diese Punkte bei der Ausrechnung Ihrer Gesamtpunktzahl abzuziehen.)

Meine Gesamtpunktzahl: ___

Auswertung

Die Punktzahlen habe ich aus verschiedenen internationalen, vor allem amerikanischen Statistiken zusammengestellt, ergänzt durch Ergebnisse von experimentellen Untersuchungen und vieljährigen Erfahrungswerten.

0–9 Punkte

Sie sind praktisch vor Herz-Kreislaufkrankheiten geschützt. Leben Sie weiterhin so, treiben Sie regelmäßig Sport, freuen Sie sich und helfen Sie anderen Menschen, die in einer nicht so günstigen Situation sind, ihre Zukunftschancen zu verbessern.

10–17 Punkte
Sie haben kein erhöhtes Risiko. Wenn Sie etwas mehr auf die Guthabenseite bringen wollen, sollten Sie vielleicht Ihren körperlichen Aktivitäten mehr Zeit einräumen.
18–35 Punkte
Ihr Risiko ist mäßig erhöht. Überprüfen Sie, wo Sie Risikopunkte sparen können.
36–47 Punkte
Sie haben ein erhebliches Risiko. Sie sollten den Arzt aufsuchen und sich beraten lassen.
48–60 Punkte
Sie haben ein stark erhöhtes Risiko. Sie müssen den Arzt aufsuchen und sich behandeln lassen.

ACHTUNG!
Wer 36–47 Punkte (erhebliches Risiko) erreicht, sollte ohne Rücksprache mit dem Arzt nur das Basisprogramm (3. Schritt), besser noch, das Spezialprogramm (7. Schritt) durchführen.
Bei 48–60 Punkten (stark erhöhtes Risiko) ist erst nach Rücksprache mit dem Arzt mit dem aktiven Programm zu beginnen. Nehmen Sie dieses Buch mit in die Sprechstunde. Lesen Sie vorher Schritt 6 und Schritt 7 durch.

Zusammenfassung

Die vielen Lebensumstände und Verhaltensweisen, die Gesundheit und Krankheit beeinflussen, werden Faktoren genannt. Anhand einer Checkliste kann jeder sein Faktoren-Konto bestimmen. Sport ist das beste Mittel, Streß abzubauen; es können Pluspunkte für die Gesundheit gesammelt werden.

Nachwort
Beinahe eine Liebeserklärung

So unter der Hand ist das Buch fast zur Liebeserklärung an die Raucher geraten. Sie sind vielleicht anderer Meinung. Vielleicht hatte sich nur das schlechte Gewissen geregt, weil Herr Schneider und Herr Zimmermann als Physiotherapeuten in einer Herz-Kreislaufklinik und ich als Arzt gegen das Rauchen sein müssen. Wenn man gegen das Rauchen ist, was Sie vielleicht verstehen, wenn man im Beruf Herz-Kreislaufkranken helfen muß, wenn man also gegen das Rauchen ist oder von Beruf aus sein muß, dann kann es leicht passieren, daß man auch gegen den Raucher ist. Das ist so häßlich, wie wenn eine klare Tintenschrift ausläuft.

Ob wir die Parole »Wir sind gegen das Rauchen, und wir lieben die Raucher« erfüllen? Urteilen Sie.

Mich hat das Buch, jetzt nachdem es abgeschlossen ist, nachdenklich gemacht. Es ist ein Leitfaden für Gesundheit, Fitneß und Lebensfreude durch Sport geworden, das so für jedermann gilt, keineswegs nur auf Raucher zugeschnitten ist.

Wir hatten uns vorgenommen, nicht »das Raucherproblem« anzuschneiden, das für unsere Berufsarbeit ein Raucherentwöhnungsproblem ist. Wir haben uns auch verboten, über irgendein Hintertürchen den erhobenen Zeigefinger hereinzustrecken.

Merkwürdig, das selbstauferlegte Gebot, die Gewohnheiten eines anderen Menschen, die wir sonst als Risikoverhalten einstufen, also das Zigarettenrauchen, nicht mies zu machen, ja sich sogar jegliche Bewertung zu verbieten, dieses selbstauferlegte Abstinenzverbot und die intensive Beschäftigung mit dem anderen Menschen, der raucht, hat eine Wandlung ausgelöst. Bei mir war es jedenfalls so. Beim Schreiben war ich ja immer ganz nah bei dem, der dieses Buch lesen soll. Wir hatten uns angefreundet.

Von echter Freundschaft wird immer gesagt, sie zeige sich nicht nur darin, was einem an anderen gefällt, sondern sie bewähre sich hauptsächlich darin, was einem weniger gefällt. Jetzt habe ich persönlich wirklich nichts mehr gegen das Rauchen.

Nun bitte ich meine neugewonnenen rauchenden Freunde, für mich Verständnis zu haben, wenn ich bei Herz-Kreislauf-Kranken immer bemüht bin, diese zum Aufgeben des Rauchens zu bewegen, allerdings nur dann, wenn sie als Patienten zu mir in die Klinik kommen.

Ich muß Ihre Nachsicht aber noch ein bißchen mehr beanspruchen. Als Projektleiter in der Deutschen Herz-Kreislauf-Präventivstudie, die zum Ziel hat, daß die gesunde Bevölkerung möglichst lange gesund bleibt und nicht krank wird, als Verantwortlicher für das Bayerische Teilprojekt setze ich mich dafür ein, daß die Heranwachsenden gar nicht erst Geschmack am Rauchen finden. Ich glaube, da könnte ich Sie bitten, ein bißchen mitzuhelfen. Seien Sie ein gutes Vorbild. Das könnte dann praktisch auch so aussehen, daß Sie sagen, Sie hätten diese »Schwäche« und könnten dem Heranwachsenden aus eigenem Erleben nur raten, eben nicht erst auf den Geschmack zu kommen. Eine solche Ehrlichkeit imponiert allen jungen Menschen. Man wird zu Ihnen Vertrauen fassen und Sie besonders mögen.

Das Buch ist für jedermann geschrieben, der mit Freude Sport treiben möchte. Jedermann, der mit beiden Füßen auf der Erde steht, weiß, daß er auch seine Schwächen hat. Die Zielgruppe des Buches ist also nur ein Modell für Sie, für Sie und Sie und auch für uns, die wir das Programm zusammengestellt haben. Bleibt ein Dankeschön Herrn Wöllzenmüller, dem Herausgeber und Verlagsinhaber von »sportinform«. Durch den Auftrag für das Buch hat er zu einer Fingerübung in Toleranz angeregt.

Checkliste: Kontrolle des Bewegungstrainings

Tag	Bemerkungen zur Trainingseinheit (Art, Intensität, Dauer)	Belastungspuls	Erholungspuls	So fühlte ich mich vor und nach der Trainingseinheit

Checkliste: Kontrolle des Bewegungstrainings

Tag	Bemerkungen zur Trainingseinheit (Art, Intensität, Dauer)	Belastungs-puls	Erholungs-puls	So fühlte ich mich vor und nach der Trainingseinheit

»Eine imponierende Buchserie, deren Praxisbezogenheit augenfällig ist. Geschickt in der Präsentation und lehrwirksam aufgebaut, zudem günstig im Preis.«

Dr. Arturo Hotz, »Sporterziehung in der Schule« (CH)